なんか
おいしくないので

料理をおいしくするコツ知りたいです！

監修　小田真規子
まんが　ノグチノブコ

インプレス

はじめに

料理って実は
ちょっとしたコツで
おいしくなるの
知っていましたか？
みなさん、料理に対して
こんなお悩み
ありませんか？

レシピ通りに作ってもおいしくできない

失敗する原因がわからない

色々な調味料を組み合わせるのが面倒

そんな人でも大丈夫！

焼く・炒める・煮込む

次の３つのコツをマスターすれば

誰でも料理上手になれます！

STEP 1

焼く　表7割、裏3割の感覚で焼く!

片面しっかり焼きで
7割
焼けムラなし!
3割
塩だけで
パリじゅわチキンソテー

STEP 2

炒める　食材は重ねて2分焼き、炒めるのは1分!

重ね焼きで
野菜シャキシャキ、
お肉ふんわりに!
コツを知れば
炒め物も失敗しない!
野菜炒め

STEP 3

煮込む　炒めてから煮込んで蒸らす!

煮る前に炒めれば
煮崩れなし!
味しみしみ
ほくほく
肉じゃが

もちろん！

特別な調味料は使いません。

必要なのは

基本調味料と
フライパン＆鍋1つずつ。

焼く・炒める・煮る
この3つをマスターして
調味料を変えるだけで
レシピは
無限大！
レシピを覚える必要もなし。
どんな料理も
ごちそうになりますよ。

料理が苦手
……
おいしくできない
なんかちがう…
面倒くさい
やりたくない…

こんな人でも大丈夫！

苦手だった料理が
「おいしい」に
変わる！
料理のコツ
覚えてみませんか？

登場人物

本書の主人公。食べることは好きだが、料理に苦手意識をもつ会社員。レシピ通りに作っても、おいしく完成しない経験多数アリ。

主人公が住むアパートの大家。料理上手で大家さんの住まいからは食欲そそる香りが漂っている。とあることがきっかけで、主人公に料理を教えることに。

※レシピ表記について
・大さじ1＝15ml、小さじ1＝5ml、1カップ＝200mlです。
・野菜などの重量はすべて正味重量（皮、種、芯などを取り除き実際に使用する重量）です。
・材料で「すりおろし」などと書かれているものは、調理前に準備をしておいてください。
・調理時間は下準備の時間を除く目安としてお考えください。

Chapter 2

Chapter 3

オイスターソース
油
26cm
フライパン

Chapter 1

ごちそうは焼くだけでできる！

おいしいごはんが作りたい！

帰宅後——
香ばしい
いい匂い
大家さん家の
晩ごはん
今日もおいしそう
網戸ごしから
漂う香りが〜
あ
ガラッ

あら！かおりちゃん
大家さんこんばんは
かおりのアパートの大家さん
おいしそうな匂いですね
ごはんまだ？よかったら今からウチに来ない？
いいんですか!?
鶏もも肉でチキンソテーにしたの
おいしそう!!
キャ〜〜〜
夫の帰りが急に遅くなってちょうどよかったわ
いただきます

!!
皮パリパリ！
身もジューシー!!
おいし〜っ
こんなにおいしいチキンソテー初めて食べました
きっと高級なお肉なんですよね!?
あははやだ〜
スーパーで買った特売の鶏もも肉よ
スーパーのお肉!?
えーーーっ
私が料理したときと味が全然違います！
そうなの？

前に鶏もも肉でお料理したとき皮がべちゃっとして脂っぽくておいしくなくて
べちゃ
焦げたし なんか水っぽいし
センスないから自分が作った料理ってなんかおいしくないんですよね
私も大家さんみたいに料理センスがあればよかったです
アハハ
かおりちゃん今週末何か用事ある？
特に何もないですけど
？

チキンソテー
一緒に
作ってみない!?
おいしく作るコツ
教えてあげる
おいしい
チキンソテーの
作り方……
知りたい!!
お、
教えてください!!

焼くだけでごちそうは作れる！

かおりちゃん……
キラーン
?
無意味な調味料集めはお金のムダよ!!
味は調味料で決まるんじゃない
ドーン
えーっ
調味料じゃないなら何で決まるんですか?
「焼き方」よ
焼くだけでごちそうは作れるの!!
焼くだけ!?

特別な調味料は必要なし！

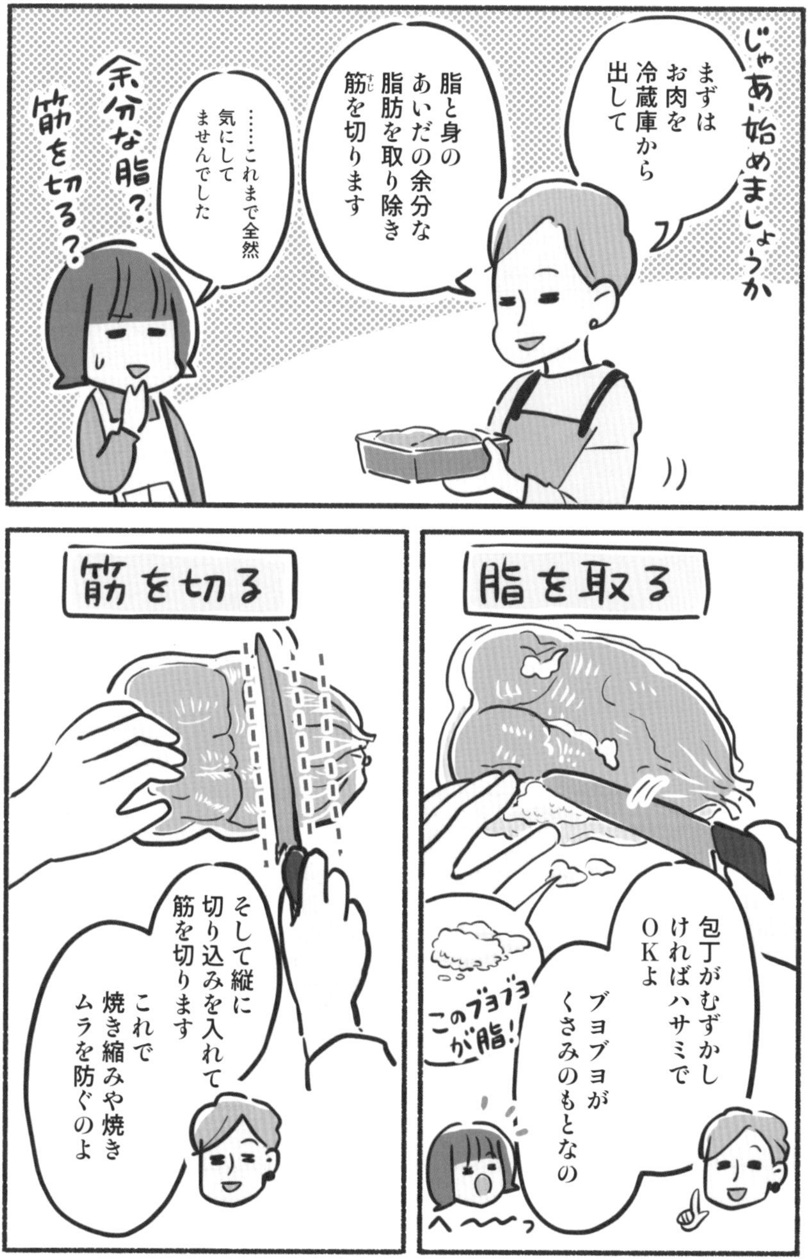
じゃあ始めましょうか
まずはお肉を冷蔵庫から出して
脂と身のあいだの余分な脂肪を取り除き筋《すじ》を切ります
……これまで全然気にしてませんでした
余分な脂？筋を切る？
脂を取る
包丁がむずかしければハサミでOKよ
ブヨブヨがくさみのもとなの
このブヨブヨが脂！
へ〜っ
筋を切る
そして縦に切り込みを入れて筋を切ります
これで焼き縮みや焼きムラを防ぐのよ

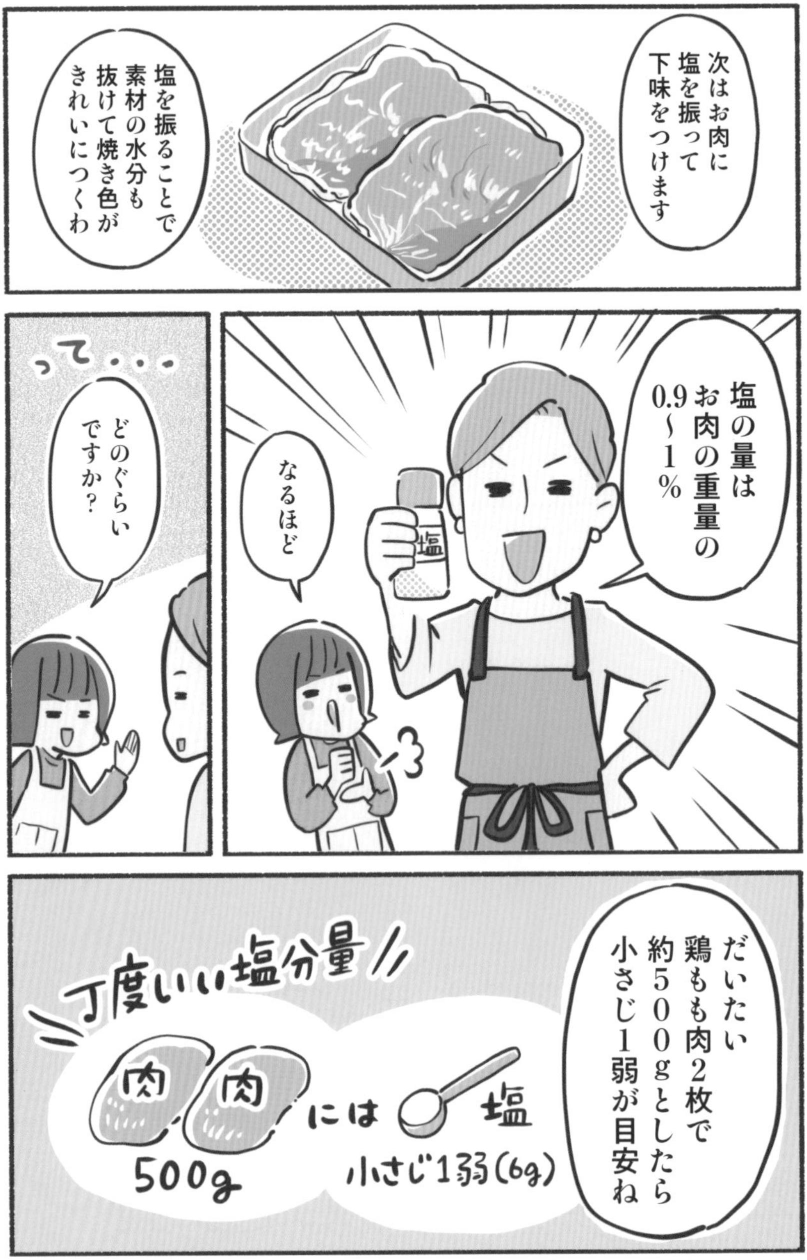
次はお肉に塩を振って下味をつけます
塩を振ることで素材の水分も抜けて焼き色がきれいにつくわ
塩の量はお肉の重量の0.9〜1%
塩
なるほど
って・・・
どのぐらいですか？
だいたい鶏もも肉2枚で約500gとしたら小さじ1弱が目安ね
丁度いい塩分量
肉
肉
500g
には
塩
小さじ1弱(6g)

身の部分にだけ塩を振って
サラサラ…
皮には塩を振らないんですか?
皮には塩分が入りにくいから振らなくていいのよ
なじませて
塩を振ったら15～20分置いておく
塩が浸透してお肉から水分が出てきます
お肉を常温にすることで焼きムラも防げるの
じわ〜〜っ
この水分はペーパータオルで拭き取ります
ササッとで
次はいよいよ焼き方よ
ワ〜イ

おいしく焼く6つのコツ

熱すぎると
焦げのもと
手で触れられる
くらいでOK
中火

1 フライパンを温める

油をひいて中火で30秒〜1分加熱し、フライパンを温める。

お肉を
動かして
油が下に
入るように

2 食材と油をなじませる

皮目を下にしてフライパンへ。食材はただ入れるだけにせず、食材の下に油が入るように。

今回は全体で10分焼くから皮目は7分焼きます
タイマーをつけると安心よ
7:00
えっ!!
そんなに焼いて焦げないんですか!?
大丈夫!!

3 片面の焼き時間は7割

全体の焼き時間の7割を片面に使う。

4 触らずじっくり焼く

中火のまま、食材に触れずにじっくり焼いていく。

ジュ〜〜〜ッ
中火

5 余分な脂を軽く拭き取る

鶏もも肉から出てくる余分な脂はペーパータオルで取り除く。

この脂も くさみの原因なので さっと拭ってね 取りすぎないで 脂が皮の下に少し あるくらいがいいわ
サッと
鶏肉の周りを見て 火が通っているのが わかるでしょう?
ほんとだ 白くなってますね

6 裏返して残り3割を焼く

片面を7分焼いたら裏返し、中火のまま裏面を3分焼く。
よいしょ
パタン

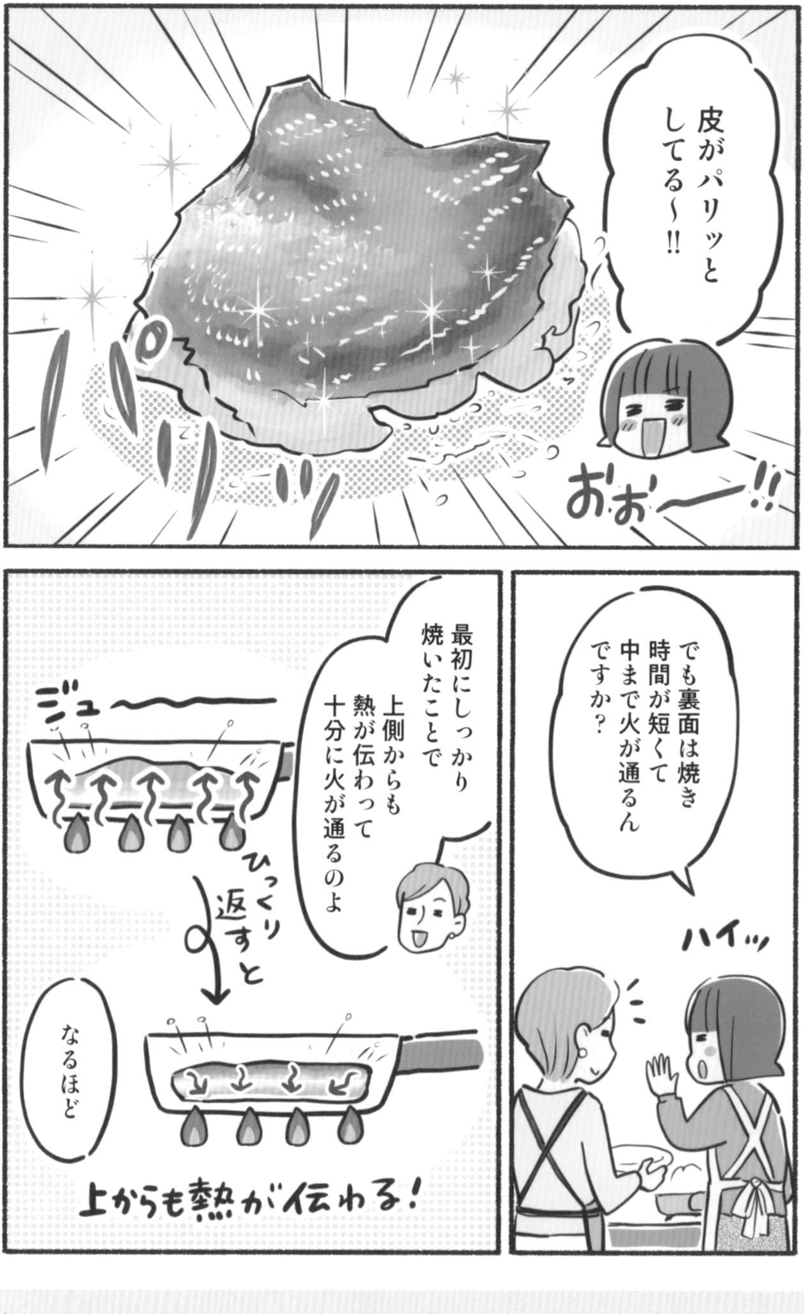
皮がパリッとしてる〜!!
おぉ〜〜!!
でも裏面は焼き時間が短くて中まで火が通るんですか？
ハイッ
最初にしっかり焼いたことで上側からも熱が伝わって十分に火が通るのよ
ジュ〜〜
ひっくり返すと
なるほど
上からも熱が伝わる!

ピピピピ…
裏面も焼けたわね 火を止めて 取り出します
よいしょ
おいしそうな チキンソテー!!
キャ〜〜
さっそく 切って……
STOP!
すぐにカットせず 1〜2分このまま 置いておきます
余熱が入る
こうすることで 余熱で中に しっかり火が通り 肉汁を閉じ込め ジューシーに 仕上がるの
では仕上げね！ 斜めに そぎ切りにして

完成!!
じゃーん
ベビーリーフやレモンを添えると彩りも鮮やかよ
試食タ～イム
じっくり焼くから皮がパリッとして塩だけでこんなに旨味が出るんだ
カンタンでしょ
これならすぐに作れそうです!!

さぁ、作ってみよう！

パリじゅわチキンソテー

調理時間

20分

材料2人分

鶏もも肉……2枚（500g）
塩……小さじ1（肉の約1%）
サラダ油……小さじ2
レモンのくし形切り……適宜
ベビーリーフ……適宜

下準備

鶏肉は余分な脂肪を取り、筋を切り、半分に切る。塩を身のほうにのみ振り、20分程度室内に置いて、出てきた水気を軽く拭き取る。

作り方

1. フライパンに油を入れて、中火で30秒～1分加熱し、温める。
2. フライパンに鶏肉を皮目から入れ、中火で7～8分焼く。焼き色を確認して上下を返し3～4分焼き、余分に出てきた脂は、たたんだペーパータオルなどで軽く拭き取る。
3. 皿などにフライパンから取り出して1～2分ほど置き、余熱で火を通してからそぎ切りにして盛り付け、レモンとベビーリーフを添える。

POINT

中まで火が通ってなかったら？

調理したフライパンに戻し、フタをして中火で2～3分焼き、火を止めて、そのまま5分置きます。もしくは、ラップをせずに電子レンジに30秒ずつかけて確認してみましょう。

失敗の原因は温度と水気

帰宅後
お腹へったし すぐ作っちゃうぞー
フフフ
片面7・裏面3で焼けばOKよね
ジュー
え？
身が崩れた!!
ボロ…
つんつん
皮ぶよぶよじゃない？
ジュー
完成
まぁ料理は見た目じゃなく味っていうし
パクッ
まっずい…
皮が
生？
水っぽい
くさい

後日、大家さん宅にて――
この前教わった焼き方で焼いたはずなのに
大失敗しました……
それで生鮭を持ってきたわけね
生鮭
同じように焼いたんですよ
フライパンも温めたし
油だって吸ったし
7分触らなかったし
ジュッ
……焼く前にも原因がありそうね
とりあえずキッチン行くわよ

失敗①
秒でフライパンにダイブ
さて サーモンは常温に 戻したの？
……腹ペコ だったので……
まあいいか
失敗②
なんとなく拭き取る
食材の水気は 拭き取ったの？
……それとなく
パタパタ
焼く前から 失敗してるわね
下準備で大事なのは これよ
下準備のコツ
①常温に戻す
②水気はしっかり 拭き取る
ちょっと手間かも しれないけどこの 〝ちょっとの手間〟で うんと おいしくなるわよ
水気は くさみのもと！
全然 出来て なかった〜

サーモンのムニエルの材料 2人分
生鮭(切り身)
2切れ
200g
まぶす用
塩
小さじ1/4
小麦粉
大さじ1
焼く用
サラダ油
小さじ2
ソース
・バター20g
・レモン汁大さじ2
・しょう油小さじ1
・水大さじ2
まずは食材の水気を取ります
手順はこちら
①水気はしっかり取る
ペーパータオルでサンド!!
②塩を振る
10分置く
③さらに拭く
さらに水分が出るので拭き取る

水気を取ったら
小麦粉をまぶします
ポン
ポン
まんべんなく
つけたら……
余計な粉をはたく!!
おしろいを
ぬり込むように
これでタレも
絡みやすくなるし
ほどよい水分が中に
保たれて焼き目も
きれいになるのよ
ハイッ
ペしペし
ぱたぱた
サラペカ～～
しっかりはたいたら
次は焼くわよ

焼いて絡めて皮までおいしく

1 魚はフライパンの端に置く

フライパンに油をひき、中火で30秒温める。魚の皮がフライパンの端につくように置く。

皮は外側に
中火

2 決して触らない

魚は崩れやすいため中火で3～4分焼くあいだは触らない。

ジュ

3 フチに当てながら返す

フライパンのカーブを利用して皮を10秒くらいフチに当てて焼く。身が崩れないようにそっとひっくり返す。

ヘラ
コロン
ジュ
フライパンのフチで皮を焼くように

4 余分な油は拭き取る

肉よりも魚の油はくさみのもとになるため、しっかりと拭き取る。

ペーパータオル
しっかり拭き取る

5 中火にして調味料を入れる

火を中火にし、フライパンの中央にバターを入れ、少し溶けたら調味料を加え、煮立たせる。

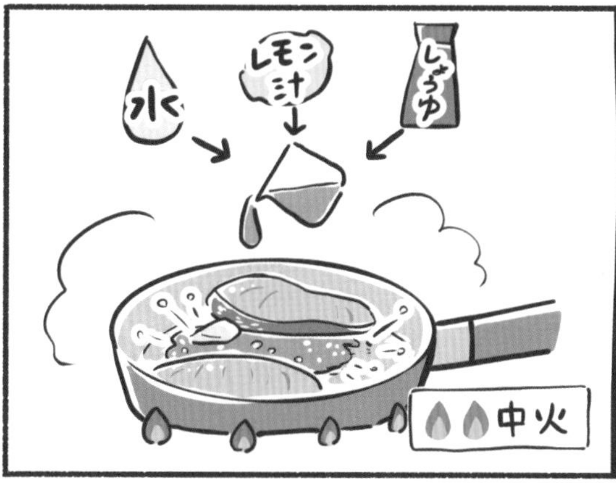
水
レモン汁
しょうゆ
中火

6 ソースを絡める

煮立ってとろみのついたソースを魚全体にまんべんなくかけ、絡めていく。

魚が崩れないように上から

焼いて絡めるときのポイント

ムニエルは焼いて絡めるんですね
「焼く」のおさらいポイント
・フライパンは熱々に温めすぎない
・食材の下に油がくるように焼く
・余分な油は取る
・むやみに触らない
そう。でもチキンソテーと共通するポイントもあるのよ
じゃあかおりちゃんも焼いてみて
ハイ。
やるんですか
ぞっ
上手くできるかな
フライパンを温めてちょうだい
中火で30秒温めたら端に置く……
食材の下に油がくるように
そっと
くるくる

じゃあ返していきましょう
ドキドキします!!
くっ……崩れそう……!!
フチに沿わせて皮パリのコツよ
調味料を入れて煮立ったら
あっ焦げそう!!
ひえ〜
ジュワージュワ〜
煮立っているのは水分が抜けていってる証拠よ
フツフツとソースが煮えたら絡めていきます
ツヤ
ツヤ
1〜2分絡め続けて魚全体にソースが行き渡るように

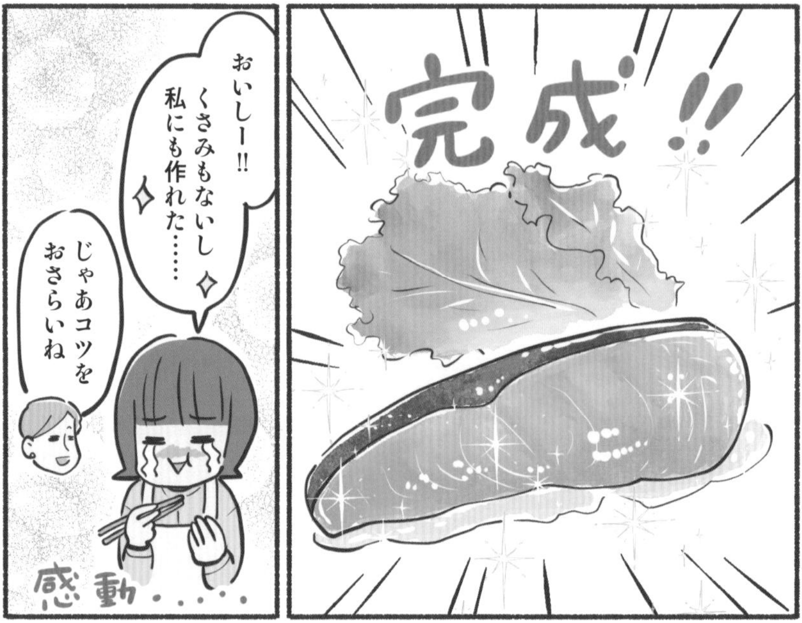

焼いて絡めるはコツがポイント

1 水気を取る!!

余分な水気がないことで皮はパリッ、身はふわっとになる

2 小麦粉をまぶしてしっかりはたく

焼き色がきれいにつきソースも絡む

3 油を取る!!

くさみがなくなる

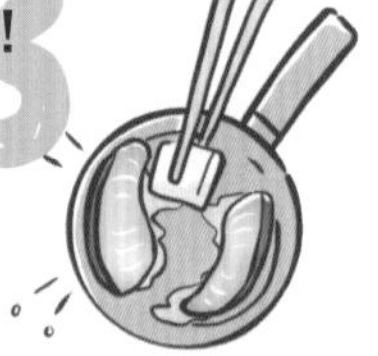

4 ソースはしっかり絡める

煮立たせてから1～2分絡める

さぁ、作ってみよう！

ふわふわ サーモンムニエル

調理時間
15分

材料2人分

生鮭（切り身）
……2切れ（200g）
塩……小さじ1/4
小麦粉……大さじ1
サラダ油……小さじ2
バター……20g
A｜レモン汁……大さじ2
｜しょうゆ……小さじ1
｜水……大さじ2
こしょう……少々

下準備

鮭はペーパータオルで水気を拭き取る。塩を振り、10分程度室温に置いて、出てきた水気はしっかり拭き取る。

作り方

1. 鮭に小麦粉をまぶして余分な粉をはたく。
2. フライパンに油を入れて、中火で30秒～1分加熱し、温める。
3. フライパンに鮭を入れる。盛り付けるときに表になるほうを下に、皮目を外側にしてフライパンのフチに沿うように置く。中火で3～4分焼き、フライパンのフチに皮目を当てながら上下を返し、余分に出てきた油はペーパータオルで拭き取る。
4. 両面が焼けたら、鮭を移動させ、フライパンの中央をあけてバターをまず入れ、少し溶けたら**A**を入れて中火のまま煮立たせる。スプーンでソースを鮭にかけて1～2分程度絡める。こしょうで味を調える。

POINT

フライパンのフチを上手に使おう！

皮のある切り身は、皮目の火の通りが悪いので、フライパンのフチに沿わせることで、火の通りもよくなります。また、フチを使うことで上下も返しやすく身も崩れません。

フライパンは底の厚い26cmがオススメ

今から一緒に買いに行く？
!! 行きます!!
あっ
もしや高級な店か…？
ど
どこに行くんですか!?
あら
行きつけのお店よ～
ひええ
おてやわらかに

近所のショッピングモール
MALL
MALL
キッチン雑貨
ホッ
なんだショッピングモールか〜
こういうのがいいのよ
フライパンていろんな大きさがあるけどまずは26cmを買っておけば幅広く使えるわよ
あと大事なのは底の厚み
厚手のフライパンを選んでね
26cm

普通のフライパンでいいんですか!?
キッチンツールって一生モノを選ぶとか言われるけど
ハイ持ってみて
人は環境や体の変化が必ず訪れるもの
値段やブランドよりも使いやすいと思うものを選ぶといいわよ
確かに使いやすそう
2800円です
フライパン新しくなったしお料理したくなってきました
それじゃあ次は生姜焼きでも作ってみる？
おいしい生姜焼きのコツ伝授するわよ
生姜焼き〜！
今からおなかすいてきました

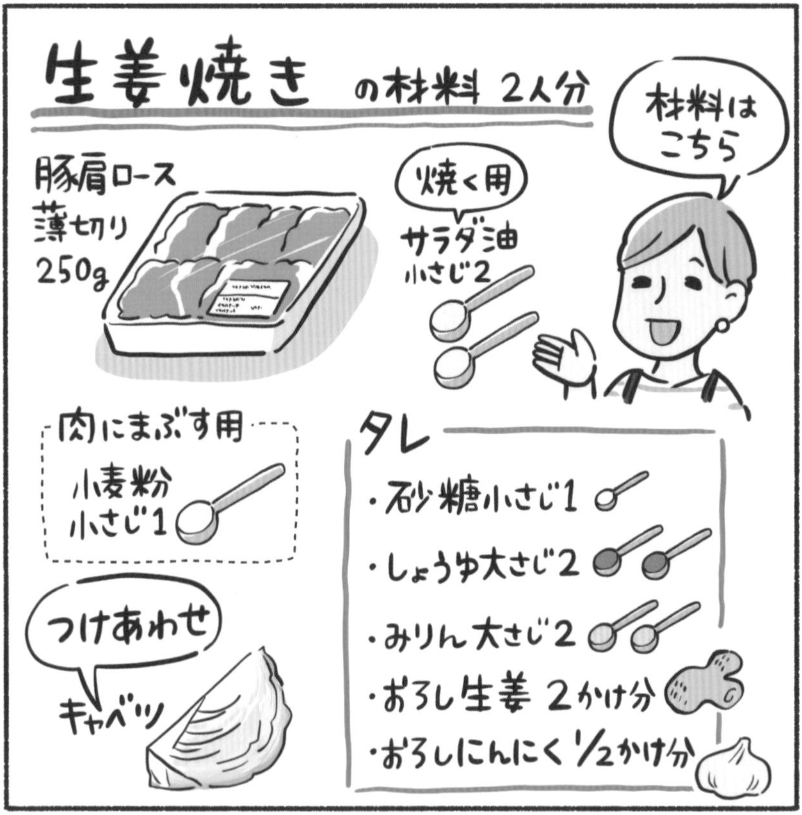
生姜焼き の材料 2人分
材料はこちら
豚肩ロース
薄切り
250g
焼く用
サラダ油
小さじ2
肉にまぶす用
小麦粉
小さじ1
つけあわせ
キャベツ
タレ
・砂糖小さじ1
・しょうゆ大さじ2
・みりん大さじ2
・おろし生姜 2かけ分
・おろしにんにく1/2かけ分

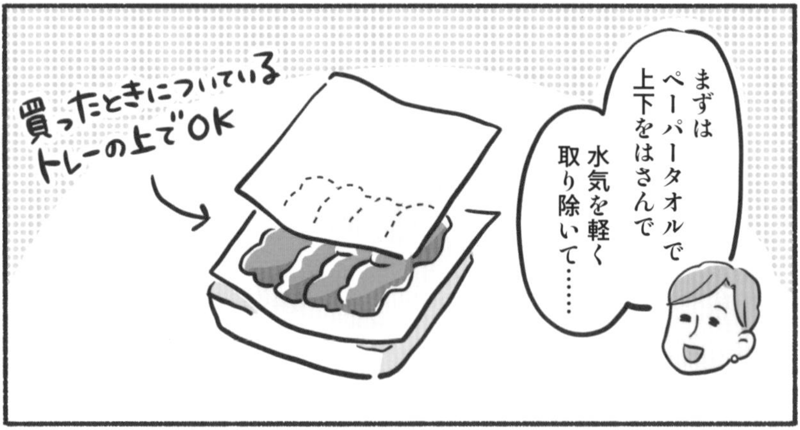
まずはペーパータオルで上下をはさんで水気を軽く取り除いて……
買ったときについている
トレーの上でOK

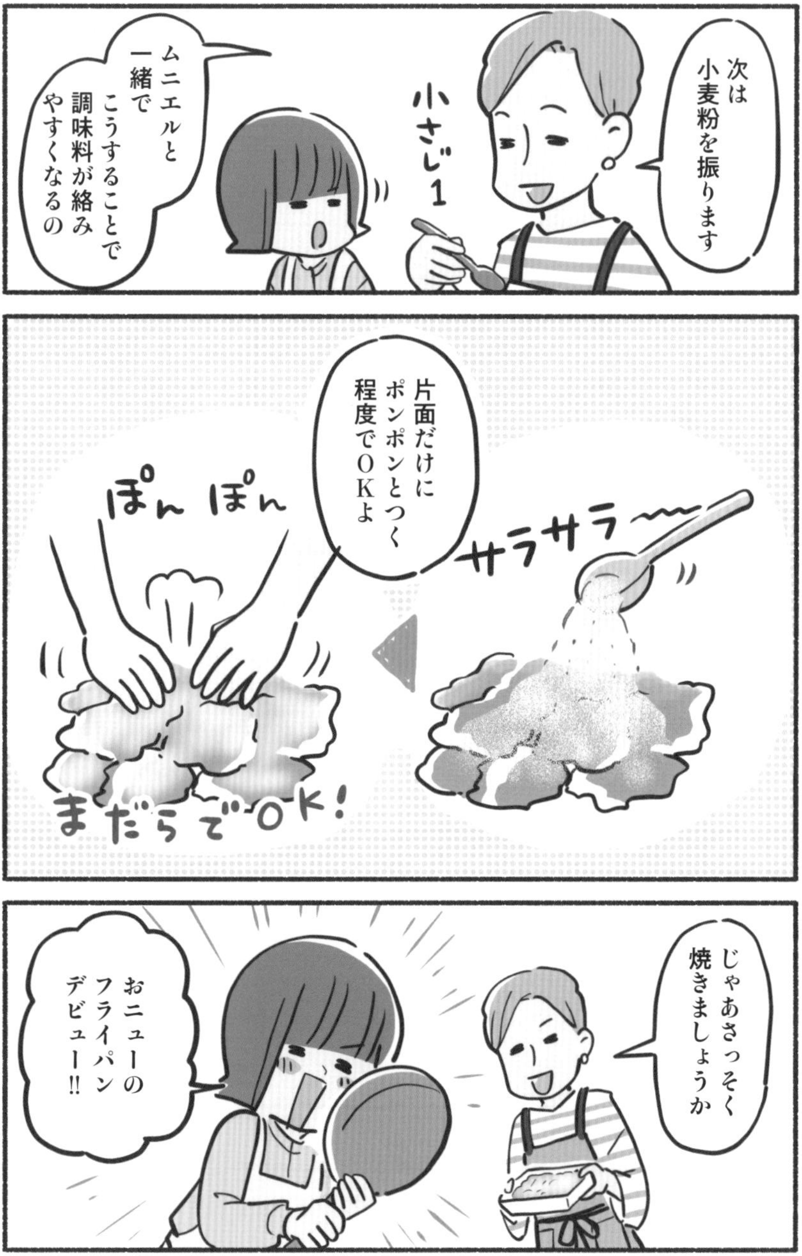

次は小麦粉を振ります
小さじ1
ムニエルと一緒でこうすることで調味料が絡みやすくなるの
サラサラ〜〜
片面だけにポンポンとつく程度でOKよ
ぽんぽん
まだらでOK!
じゃあさっそく焼きましょうか
おニューのフライパンデビュー!!

薄切り肉が硬くならない焼き方

1 肉をフライパンに並べる

フライパンに油を入れ、中火で30秒温める。小麦粉がついた面を下にして肉を並べる。このとき１枚１枚を広げず、くしゅっとさせて。

くしゅ
くしゅ

2 触らずに肉を焼く

そのまま触らずに中火で焼き色がつくまで２分焼く。肉はくっついても大丈夫。

蒸気がたまって柔らかさを保てる！
ジュ〜〜ッ

3 上下を返して中央をあける

焼き色がついたら肉の上下を返して、フライパンの中央をあける。

4 余分な脂を拭き取る

ペーパータオルで余分な脂を拭き取る。ただし肉の脂は香ばしく、味をよくするので少し残っていてもＯＫ。

5 調味料を入れて絡める

火加減は中火のまま、中央に調味料を入れて煮立てる。煮立ってきたら、水分が少なくなるまで肉と絡める。にんにくと生姜に火が通り、香りが出る。

全体を絡めて…
お皿に盛り付けてキャベツを添えたら
完成!
憧れの生姜焼きだ〜!
モグモグ
バリバリ
お肉柔らか〜い!大ぶりのキャベツタレにつけて食べるとおいしい〜
無限キャベツ!
チキンソテーにムニエルに生姜焼き……
焼き方のコツよくわかりました!!
また困ったらいつでもきてね
ハ〜イ

調理時間
15分

さぁ、作ってみよう！

白飯すすむ豚の生姜焼き

材料2人分

豚肩ロース薄切り肉……250g
小麦粉……小さじ1
サラダ油……小さじ2
A
生姜のすりおろし……2かけ分（20g）
にんにくすりおろし……1/2かけ分（5g）
しょうゆ……大さじ2
みりん……大さじ2
砂糖……小さじ1※
キャベツのくし形切り……適宜

※作り方❺で煮詰まりやすければ水大さじ1を加える。

作り方

❶ Aはよく混ぜ合わせておく。

❷ 豚肉は軽くほぐしてペーパータオルをかぶせて押さえ余分な水気を拭き取り、ざっと片面に小麦粉を振る。

❸ フライパンに油を入れて、中火で30秒～1分加熱し、温める。

❹ ❷を小麦粉がついた面を下にして入れる。動かさずに、そのまま2分焼く。焼き色がついたら上下を返して、すぐにフライパンの中央をあける。

❺ フライパンの中央にAを加えて混ぜながら煮立て、水分が半分くらいになったら豚肉に絡める。

❻ 豚肉の上下を返しながら、水分が少なくなるまで1～2分程度絡めて、器に盛り付け、キャベツを添える。

POINT

キャベツは千切りにしなくてもOK！

キャベツはざくっとくし形切りにしたものや、手でちぎったものでもOK。生姜焼きを汁ごとキャベツにのせて、包むようにして食べるのもおいしいですよ。

Chapter 1 ココが大切

おいしく焼くための 5か条

最後にChapter 1 の大切なポイントをふりかえりましょう

その1 食材は室温に戻して焼く

食材が冷たいと中まで火が通るのが遅く、半ナマの原因に。常温にすることで中まできちんと火が通る。

その2 水気はしっかり取る

食材についている水気はくさみの原因！ペーパータオルなどでしっかり拭き取ろう。水気を取ることできれいな焼き色になる。

熱すぎると
焦げのもと
手で触れられる
くらいでOK
中火

その3 予熱は短め、少し低温でスタート

熱々なフライパンで焼くのは焦げにもつながるのでＮＧ。フライパンの予熱は30秒～１分の短めでＯＫ。

その4 表7割、裏3割でしっかり焼く

食材の表裏を同じ時間で焼くとパサパサな仕上がりに。片面をしっかり焼いたら、焼いた面からの余熱で十分火が通るので、裏面の焼き時間は短くすることでおいしく焼ける。

ジュ～～ッ
中火

サッと

その5 出てきた脂は拭き取る

食材を焼いて出てきた余分な脂もくさみの原因。しっかり拭き取ろう。ただし拭き取りすぎは、焦げにつながるので取りすぎは注意して。

炊飯器でごはんをおいしく炊くコツ

おいしいおかずが作れるようになったら、欠かせないのが「白いごはん」です。最近は色々な種類の炊飯器があり、手軽においしいごはんが炊けるようになりました。そんな炊飯器で、よりおいしくごはんを炊くための、簡単なコツが「水温を低くして炊く」ことです。

お米を炊くときに、水を少し減らして、そこに氷を2～3個入れましょう。

それだけで、いつものごはんが一層おいしく炊けます。

理由は、お米に含まれる「でんぷん」。でんぷんを含む食材は、低い温度からじっくり加熱していくことで旨味が増します。

中途半端な温度の、ぬる～い水ではなく、氷を入れた冷たい水で炊きます。**お米は「冷蔵庫」で保存しておく**のも、おいしく炊ける秘訣です。

おいしい炊き方

氷を入れると
お米の旨味UP！

炒め物は重ねて炒めれば失敗なし！

Chapter 2

炒め物って意外とむずかしい

そーだ!!
お肉に野菜を混ぜて野菜炒め!!
スーパー寄ってこー
昨日のテレビで観た料理人の中華鍋さばきをマネしよ
野菜はたっぷり食べたいから キャベツでしょ にんじん 玉ねぎ ピーマン もやし……
あ
ブロッコリーも体にいいよね
お肉は特売の豚肉!!
うりゃーッ
帰宅後ー
野菜炒めって
確か肉を先に入れるんだよね
パカッ
フライパンは温めすぎず……
そして野菜をいっきに入れて
どっさり。

あとは勢いよく
フライパンを
振る!!
混ぜる!!
完成〜♪
なかなか
おいしそう
かも♪
いただきま〜す
にんじん
硬ッ!!
ガリッ
ガリッ
しかも
べちょべちょする!!
な〜んで〜
大家さ〜〜ん

後日、大家さん宅
……ってことがあったんです
炒めるって一見ビギナーレシピに見えるけど……
実はむずかしいのよ
にんじん 硬い
ピーマン しなしな
もやしも しなしな
キャベツの芯 生ぐさい
お肉 カチカチ
ううう
全部そうなりました
でもね かおりちゃん
「焼く」の延長に「炒める」があるのよ
「焼く」を極めたあなたなら……
できる!!
大家さん……!!
私 炒め物も極めます
「炒める」教えてください

失敗の原因は温度と炒め方

失敗の原因はコレだ!

炒め物で
大切なのは
水分コントロール
むずかしく聞こえる
けどやることは
簡単よ

1. **フライパンの温度が低い**
   食材にきちんと火が通らず半生に!!
2. **やたらと混ぜる**
   食材から水分が出てベチャベチャに!!

おいしく炒めるコツ

フライパンは
しっかり温める
全体にきちんと
火が通る
食材は
重ねて焼く
肉がふんわり
仕上がる
とにかく
触らない
焼き目がついて
余分な水分が出ない

水っぽかったり
硬かったりしたのは
やたらと混ぜたのが
原因だったのか
う〜ん
じゃあ野菜炒めを
作ってみましょう
食材はコレよ
野菜炒め の材料 2人分
豚バラ薄切りまたは
豚肩ロース
薄切り
200g
キャベツ
200g
玉ねぎ
50g
にんじん
50g
味付けは
しょうゆと
砂糖だけ!?
調味料
・しょうゆ大さじ1
・砂糖小さじ1
焼く用
ごま油または
サラダ油
小さじ2

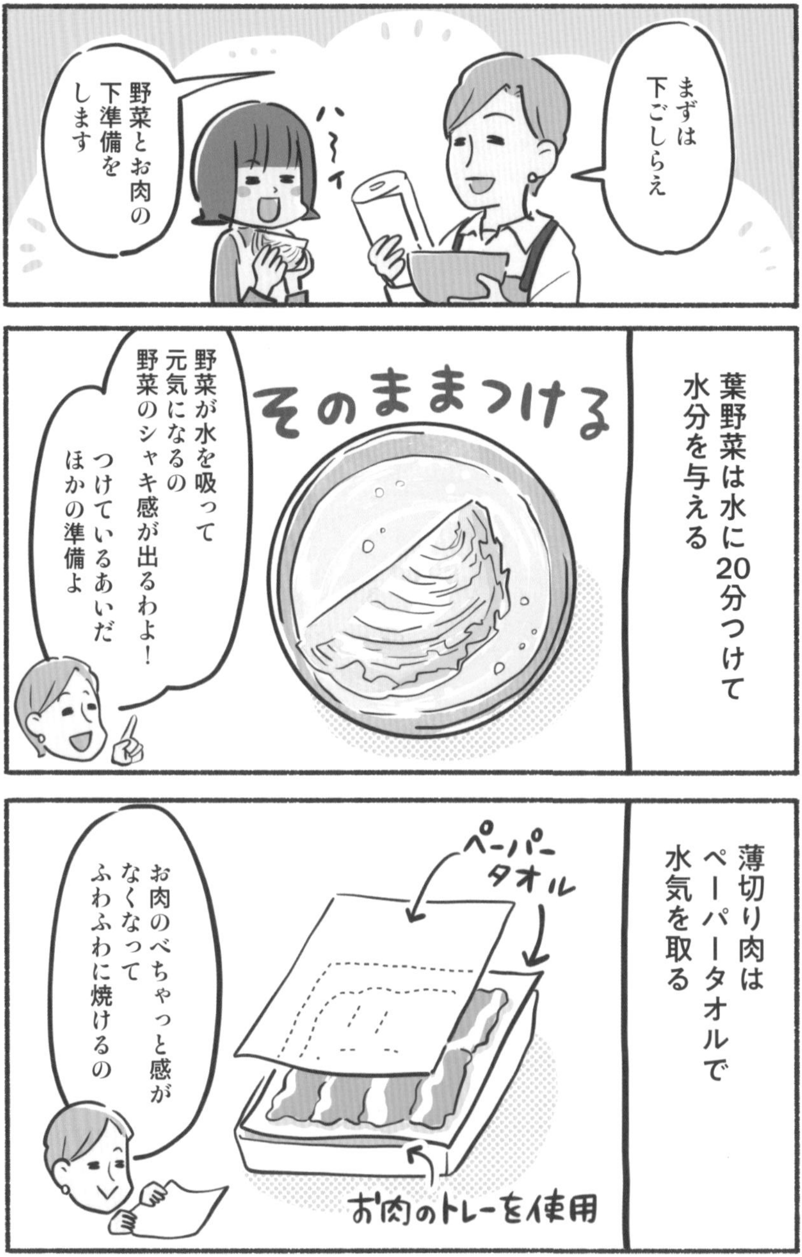
まずは下ごしらえ
野菜とお肉の下準備をします
ハ〜イ
葉野菜は水に20分つけて水分を与える
そのままつける
野菜が水を吸って元気になるの
野菜のシャキ感が出るわよ！
つけているあいだほかの準備よ
薄切り肉はペーパータオルで水気を取る
ペーパータオル
お肉のトレーを使用
お肉のべちゃっと感がなくなってふわふわに焼けるの

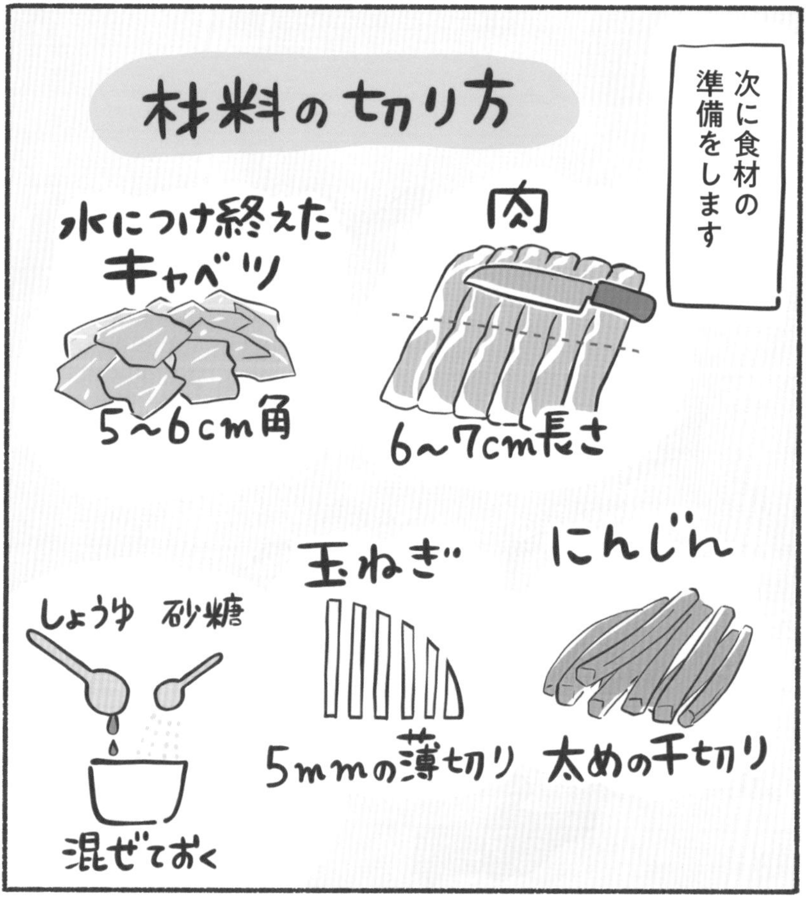
次に食材の準備をします
材料の切り方
肉
6〜7cm長さ
水につけ終えたキャベツ
5〜6cm角
にんじん
太めの千切り
玉ねぎ
5mmの薄切り
しょうゆ　砂糖
混ぜておく

準備完了！炒めていくわよ！
まってました

おいしく炒める5つのコツ

1 フライパンをしっかり温める

油を入れて、中火でフライパンを1～2分温める。具材が多いとフライパンの温度を一定に保てないため、しっかり温める。

2 食材を重ねて入れていく

食材は火の通りが悪いものから肉→野菜の順番に上に重ねてフライパンに入れていく。

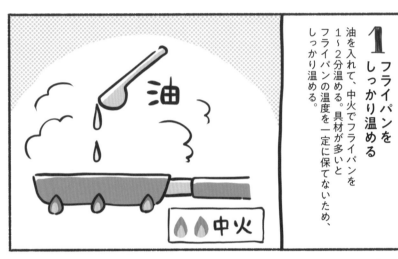

3 押しつけながら焼く

食材を入れたら火を強火にする。やさしく押しつけながら2～3分焼く。

片面をしっかり焼きつける
強火

4 全体を返す

肉に焼き色がついたら、フライパンを振らずに全体の上下を返すように炒める。

トングでつかんでひっくり返すと楽ちん
くるっ
ジュ〜〜ッ

5 調味料で味付けする

中心をあけて、調味料を入れ、煮立ててから全体を混ぜる。軽く焦がすと甘味と香りが変化して深い味わいに。

具材は端によける
ココ
しっかり煮立ててから
全体に絡めるように混ぜる

フライパンを振って炒めるはNG

それは野菜から出た水蒸気によって中が蒸し焼きになっているからよ
①余分な水分が蒸発する
ジュ
②蒸し焼き状態になる
③肉は片面焼けている
湯気が出ているうちは下のお肉も焦げないし多少の焦げは旨味につながるの
ちょっと焦げた焼き肉おいしいでしょ
たしかに

ちなみに
フライパンを
振るのも混ぜるのも
NGよ
振っているうちに
熱がどんどん
逃げるの
振る
混ぜる
熱が逃げて
生焼けに。
じゃあ私も
やってみます!!
やるぞー!
勢いはいらないの
じっと待つのよ
私 今までずっと
混ぜてただけ
だったんだ
くるっ
くるっ

炒め物は2分焼いて1分炒める

大家さんが「炒める」は「焼く」の延長にあるって言ってた意味がわかった気がします
大切なのは「2分焼いて1分炒める」この感覚よ
さわらない
ジューッ
2分焼く
上下をひっくり返す
1分炒める
この手順を覚えておけばほかのレシピにも応用が利くわよ

炒め物の手順

1 重ねる

フライパンには火が
通りにくい食材から
順に重ねる

2 焼く・炒める

2分焼いて
1分炒める

3 味付け

真ん中をあけて
調味料を加え軽く焦がして
全体に絡める

調理時間
15分

さぁ、作ってみよう！

シャキシャキ野菜炒め

材料2人分

豚バラ薄切りまたは
　肩ロース薄切り肉
　……200g
キャベツ……200g
　（4枚から6枚程度）
玉ねぎ……1/4個（50g）
にんじん……50g
ごま油またはサラダ油
　……小さじ2
A｜しょうゆ……大さじ1
　｜砂糖……小さじ1

下準備

キャベツは冷水に20分つけてパリッとさせておき、豚肉はペーパータオルで水気を取っておく。

作り方

1. **A**はよく混ぜ合わせておく。
2. キャベツは5～6cm角、豚肉は6～7cm長さ、玉ねぎは5mmの薄切り、にんじんは3mm角程度の千切りにそれぞれ切る。
3. フライパンに油を入れて、中火で1～2分加熱し、温める。
4. フライパンに豚肉、キャベツ、玉ねぎ、にんじんの順に入れて広げる。少し火を強めて、時々押しつけながら2～3分焼く。豚肉に焼き色がついたら全体の上下を返すように30秒～1分炒める。
5. フライパンの中央をあけ、**A**を入れて煮立て、全体に絡めて水分を飛ばしながら炒める。

POINT

豚肉は肩ロースがおすすめ！

薄切り肉は、加熱しすぎると硬くなることが多い食材。肩ロースは、赤身と脂身のバランスがよく、焼きすぎても硬くなりにくい。さらに調味料も絡みやすく、旨味が出やすい、失敗しづらい食材です。

味付けと食材を替えてアレンジ！

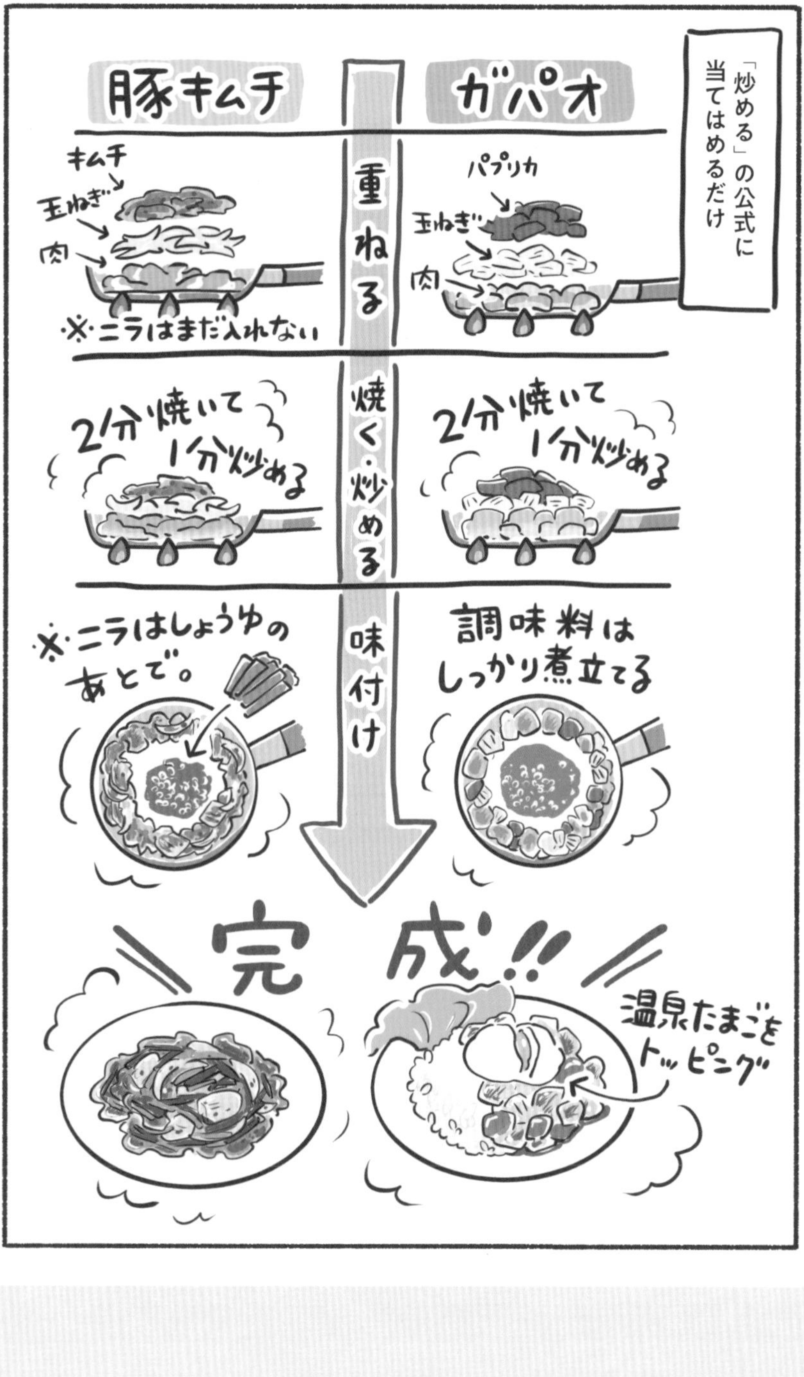
「炒める」の公式に当てはめるだけ
豚キムチ
ガパオ
重ねる
キムチ
玉ねぎ
肉
※ニラはまだ入れない
パプリカ
玉ねぎ
肉
焼く・炒める
2分焼いて1分炒める
2分焼いて1分炒める
味付け
※ニラはしょうゆのあとで。
調味料はしっかり煮立てる
完成!!
温泉たまごをトッピング

調理時間
15分

さぁ、作ってみよう！

ピリ辛豚キムチ

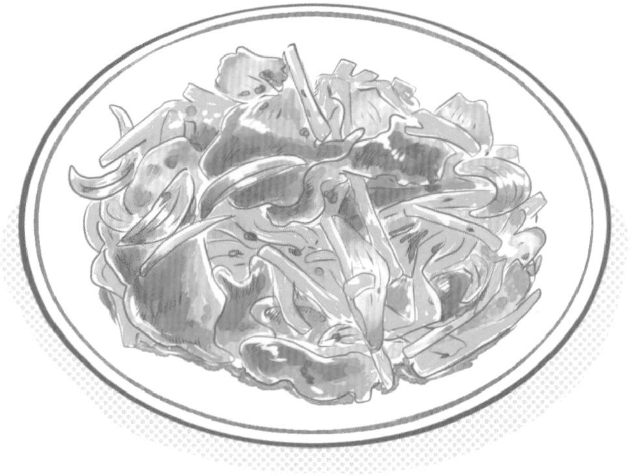

材料2人分

豚バラ薄切り肉……200g
玉ねぎ……1/4個（50g）
ニラ……50g
キムチ……100g
しょうゆ……小さじ2

作り方

1. 豚肉は7cmの長さ、玉ねぎは5mm幅の薄切り、ニラは7cm長さに切る。キムチはキッチンバサミでざく切りにする。
2. フライパンを中火で1～2分ほど加熱し、温める（油は入れない）。
3. フライパンに豚肉、玉ねぎ、キムチの順に入れて広げる。触らずに2～3分焼き、出てきた水気と油を、たたんだペーパータオルで拭き取る。
4. 豚肉に焼き色がついたら上下を返すように、1～2分炒める。
5. フライパンの中央をあけ、しょうゆを入れて煮立て、ニラを加え、少し火を強めて全体に絡むように混ぜて火を止める。

POINT

ニラはさっと火を通すぐらいがおいしい！

ニラは火を通しすぎると、香りも旨味も飛んでしまう食材です。和えるぐらいの感覚で混ぜて、火を通しすぎないように注意しましょう。

調理時間
20分

さぁ、作ってみよう！

温泉卵と鶏肉のガパオ

材料2人分

鶏もも肉……小１枚（200g）
玉ねぎ……1/4個（50g）
パプリカ……1/3個（50g）
A オイスターソース……大さじ１
しょうゆ……小さじ２
砂糖……小さじ１
にんにくのすりおろし……小さじ1/2
ラー油……少々
サラダ油……大さじ１
温泉卵……２個
ごはん……350～400g
サラダ菜……２枚

作り方

1. **A**はよく混ぜ合わせておく。
2. 鶏肉は２～３cm角、玉ねぎ、パプリカは1.5cm角程度に切る。
3. フライパンに油を入れて、中火で１～２分加熱し、温める。
4. フライパンに鶏肉、玉ねぎ、パプリカの順に入れて広げ、２～３分焼く。鶏肉に焼き色がついたら、ざっと上下を返すように１～２分炒める。
5. フライパンの中央をあけ、**A**を入れて煮立て、全体になじむまで炒める。
6. 器にごはんをのせ、サラダ菜と⑤を盛り、温泉卵をのせる。

POINT

左右に混ぜずに上下を返すように炒める！

鶏肉や野菜を一度に広げて焼くことで全体に火が通りやすくなります。焼いてから全体を炒めると、肉が硬くなることもありません。

Chapter 2 ココが大切

おいしく炒めるための5か条

最後にChapter 2 の大切なポイントをふりかえりましょう

その1 葉野菜には水分を与える

水分不足の野菜はしなしなの炒め物の原因に！ 葉野菜は水につけて水分を与えれば、炒めてもしなしなにならず、シャキシャキをキープできる。

その2 長めにフライパンを温める

フライパンの温度が低いと生焼けや水っぽさの原因に。炒め物では、フライパンは1～2分を目安に加熱して温めておくと温度が下がりすぎない。

にんじん→
玉ねぎ→
キャベツ→
肉→
中火

その3 食材は重ねてフライパンに入れる

食材を１つずつ炒めることも、火の通り具合にばらつきが出てしまう原因。食材は重ねて同時に入れる。これで上手に全体に火が通る。

その4 食材を入れて、すぐに混ぜない

炒め物だからといって、すぐに混ぜるとフライパンの温度が下がり、野菜から水が出る原因に。しっかり焼き目をつけてから混ぜる。

さわらない
ジュ〜ッ
2分焼く

調味料は
しっかり煮立てる

その5 調味料を食材にかけない

味付けするときは、調味料を食材に直接かけると風味が出ない。フライパンの中央で煮立てて、全体に絡ませることで旨味と風味が出て深い味わいになる。

食材の切り方は斜め切りで失敗いらずに

食材の切り方は「斜め切り」を基本にすることで失敗がなくなります。実は「斜め切り」から色々な切り方に変身できるんです。

基本の斜め切り

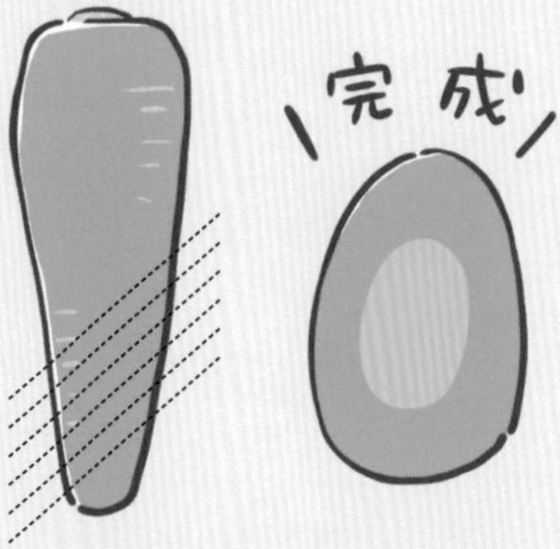

食材を横向きにして斜めに切る。切った食材の形が少し「楕円」に見えるぐらいのゆるやかな角度でOK。

使える料理

- ポトフ（2cm厚さ）
- おでん（2cmの厚さ）
- ゆで野菜（1cmの厚さ）
- 焼き野菜（1cmの厚さ）

いちょう切り

基本の斜め切りを4分の1にカットにすると、汁物に使える「いちょう切り」なります。

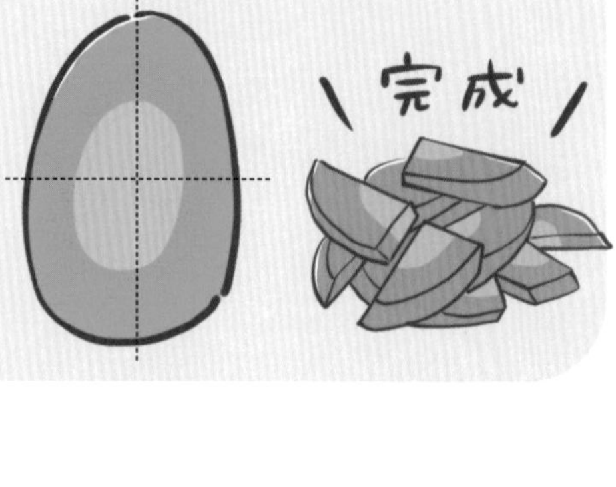

使える料理

- 豚汁（5mmの厚さ）
- 炊き込みごはん（5mmの厚さ）
- 肉じゃが（1cmの厚さ）
- クリームシチュー（1cmの厚さ）

千切り

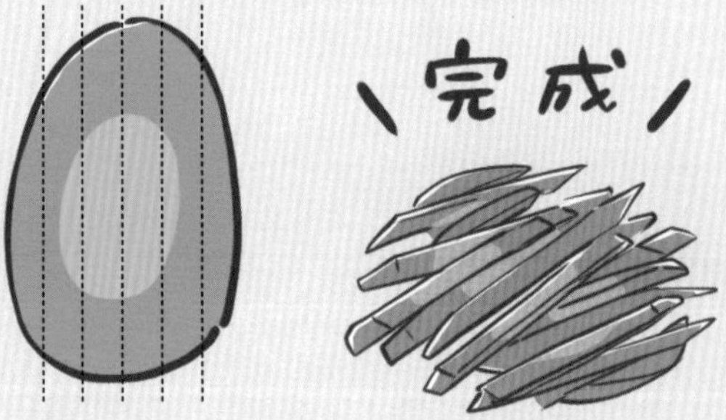

使える料理

- ●きんぴら　●肉巻き
- ●ごま和え　●ラペサラダ
- ●なます　●コールスローサラダ

（いずれも3㎜の厚さ）

千切りをするときは、基本の斜め切りを少し薄めに切り、切った食材を5〜6枚重ねて、軽く押さえながら切ると効率的。

短冊切り

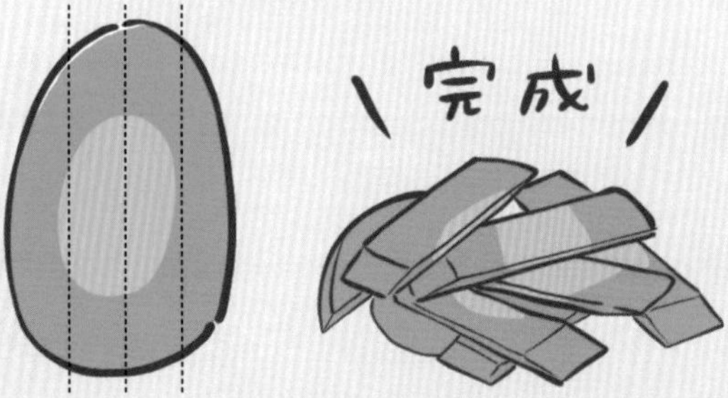

使える料理

- ●野菜炒め　●かき揚げ　●パスタ
- ●ひじきの煮物　●焼きそば
- ●切り干し大根の煮物

（いずれも3㎜の厚さ）

千切りよりも食材の存在感を出したいときに使えるのが「短冊切り」。千切りの要領で基本の斜め切りのあと、5〜6枚重ねて、少し太めに切るとOK。

角切り

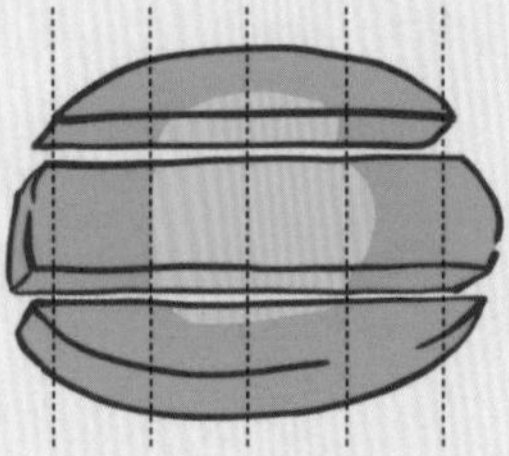

使える料理

- ●ミネストローネ　●カレー
- ●コブサラダ　●ポークビーンズ
- ●中華風炒め物　●五目豆

1.5cm程度の厚めに斜め切りにし、正方形に近い形になるように切ると、スープなどに使えるコロコロサイズに。

みじん切り

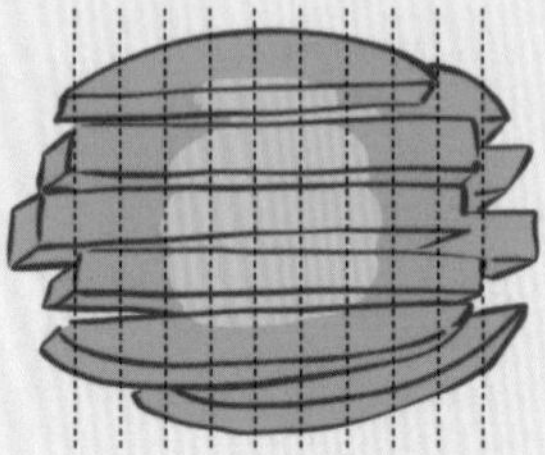

使える料理

- ●ハンバーグ　●キーマカレー
- ●ミートソース　●ピラフ
- ●ドレッシング　●トッピング

難しく感じる「みじん切り」は、千切りの要領で細長く切ったものを、さらに横にも切って細かくするだけで完成。

Chapter 3

煮物と汁物は炒めて
じっくり
コトコトと

焼く、炒めるの次は煮る

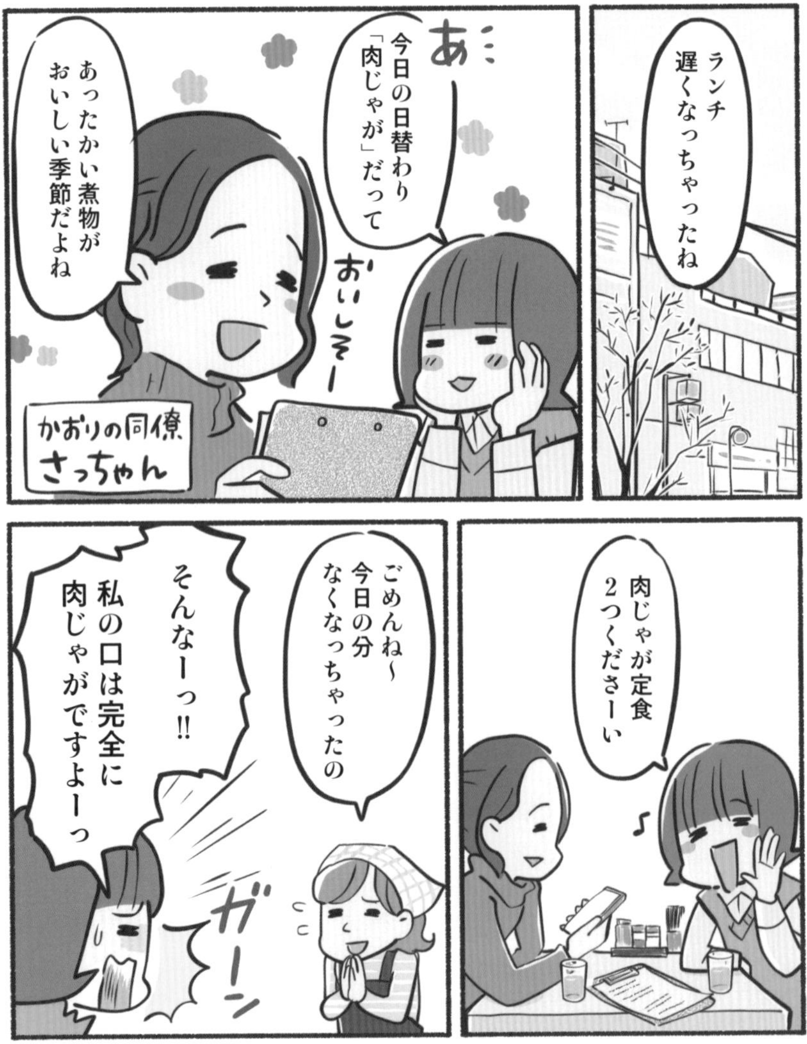

ランチ
遅くなっちゃったね
あ
今日の日替わり「肉じゃが」だって
おいしそー
あったかい煮物がおいしい季節だよね
かおりの同僚
さっちゃん
肉じゃが定食2つくださーい
ごめんね～今日の分なくなっちゃったの
そんなーっ!!
私の口は完全に肉じゃがですよーっ
ガーン

はい
うどん2つね
あったまる〜
うどんも
おいしーね
肉じゃがは
今日、家で
作るか……
いや 待てよ
肉じゃがは意外と
むずかしいんだよな……
味のない
牛肉
崩れた
じゃがいも
硬い
にんじん
振!!
炒めるで
失敗もしたし
そういや
明日 大家さんの
ところに行こう
おいしい肉じゃが
教えてもらうんだ!!
すぐ
連絡
しなきゃ
かおり
うどんのびるよ〜
どーした

翌日——
ご連絡した通り肉じゃがをマスターしたいんです!!
おいしいの食べたいです
OK!
とっておきの肉じゃがを教えてあげる
肉じゃがはグツグツ煮るイメージだけど「炒め煮」にするの
炒めて
ジャ〜〜〜
煮る
コト コト
先に油で炒めてから煮ることで時短と旨味アップに!
「焼く」と「炒める」をマスターした今のあなたにぴったりのレシピよ
焼く
炒める
なるほど

煮物のお鍋は20㎝がぴったりサイズ

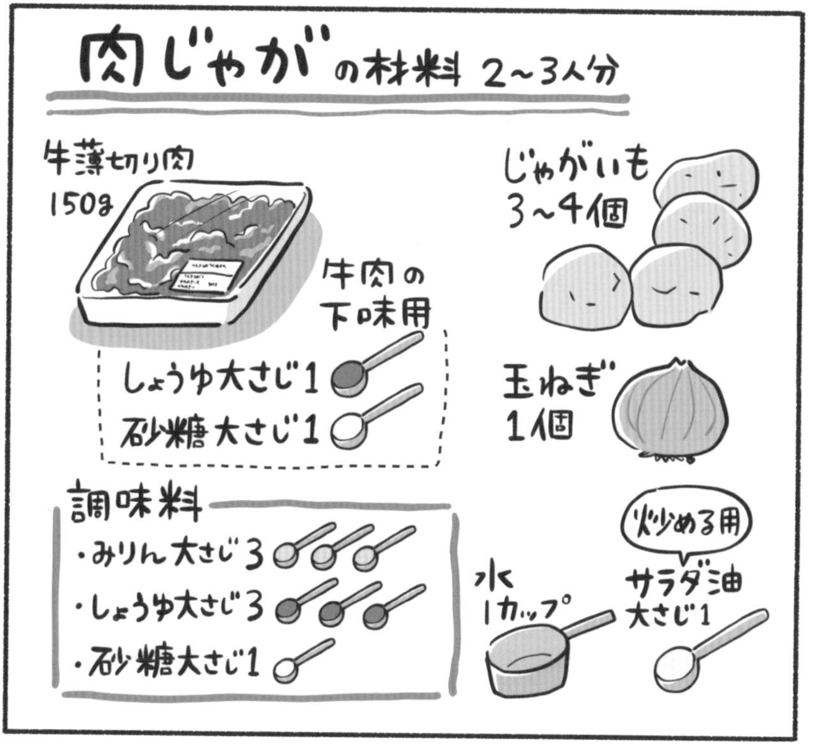

煮込み料理は下味をつけて おいしさアップ

肉じゃがで下味つけたことなかったです
いえるほど作ってもいないけど
下味をつけるとたくさんの効果があるのよ
へ～っ!! 味をつけるだけじゃないんですね!!
下味をつけると得られる効果
1 じゃがいもに旨味を移す
2 お肉のくさみを消す
3 お肉を柔らかくする
4 アクが出にくくなる

野菜は大きめに切って煮崩れ防止

小さく切ると
火がはやく通る分
香りや旨味が出づらいし
煮崩れもしやすくなる
コロコロ
煮崩れ…
なくなっちゃった…
大きめに切ると
じっくり炒められて
香りや旨味も出やすい
ゴロッ
じっくり火が通せる
旨味も引き出せる
食材から出てくる旨味を
しっかりいただくために
大きめに切るのよ
多少煮崩れても気にならない!

煮物の肉は最後に炒め煮るべし

食材の準備完了！
まずは
お肉を炒めるん
ですよね
炒めます！
残念！
お肉は最後!!
えーっ
肉じゃがは
お肉もおいしく
食べたいでしょ
でがらしの牛肉…
最初に炒め始めると
煮上がるまでに
鍋の中で肉の旨味が
出きって最後は
硬くなってしまうの

炒める順番
まずはじゃがいも
次に玉ねぎ
最後にお肉の順に炒めます
じゃがいも
玉ねぎ
お肉
火が通りにくい順に
お肉を最後に炒めると旨味が残る
だからお肉がおいしい肉じゃがになるの
ハ〜〜イ
それじゃあ炒めましょう
お肉がおいしい肉じゃが♥

おいしく煮る5つのコツ

1 鍋で野菜を炒める

中火で加熱した鍋で火の通りにくい野菜から炒める。
野菜の表面に油が絡まりツヤが出るまで炒める。

まずは
じゃがいも
30秒〜1分炒め
次に
玉ねぎ
1〜2分炒める
中火

2 牛肉を鍋に入れてさらに炒める

鍋に牛肉を入れ、半分ぐらい火が通るまで炒める。
牛肉の色が変わってくるタイミングが目安。
炒めるときは上下を返すように。

下から上に
具材を
混ぜるように
炒める

水はヒタヒタに
入れなくてもOK

3 水を入れて沸かす

鍋に水を入れ、沸いたら
アクをしっかり取り除く。
沸かすことで
アクが取り除きやすくなる。

ぬらして軽くしぼった
ペーパータオル

4 ぬらしたペーパータオルをかぶせる

調味料を入れ再び煮立てたあと、
ぬらしたペーパータオルをかぶせる。
こうすると熱が対流して
味がしみ込みやすくなる。

12分煮る
コト
コト
弱めの中火

5 フタをずらして煮込む

フタをずらして12分煮込む。
鍋の中を80～90度に保つことで
野菜の旨味が出て
煮崩れもしにくい。

面倒でも最後に蒸らしてほくほくに

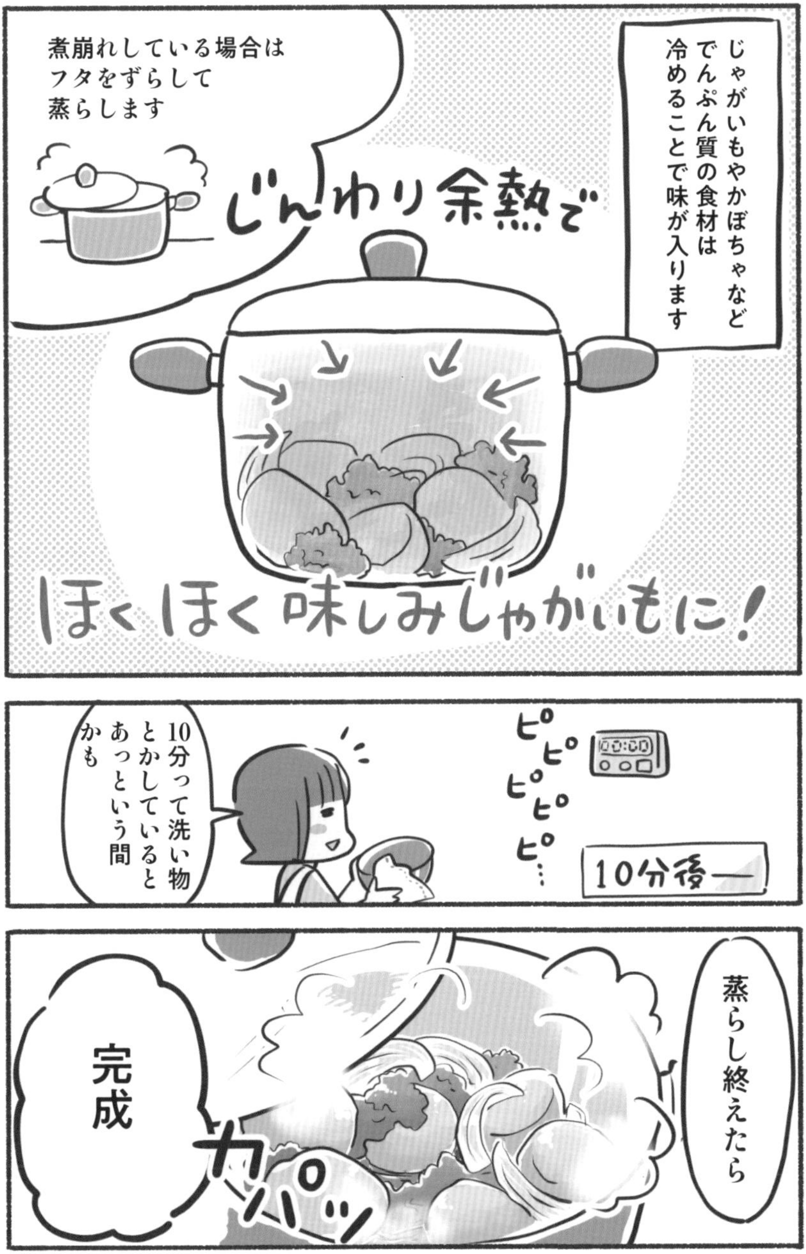
じゃがいもやかぼちゃなど
でんぷん質の食材は
冷めることで味が入ります
煮崩れしている場合は
フタをずらして
蒸らします
じんわり余熱で
ほくほく味しみじゃがいもに！
10分後―
ピピピピピ…
10分って洗い物
とかしていると
あっという間
かも
蒸らし終えたら
カパッ
完成

そういえば
肉じゃがってにんじんや
白滝が入ってる
イメージがありました
THE・肉じゃが！

初心者は食材の
数を絞った
肉じゃがが
オススメよ
食材が増えると…
それぞれの食材の
火の通り具合を
見極めたりするのに
調理の工程の工夫が必要
味をまとめるのも
むずかしくなる
食材を絞ると…
火の通り具合の見極めもしやすく
調理工程の難易度が下がる
味がまとまりやすくなる
シンプルな分
素材の味をしっかり味わえる

炒め煮はココがポイント

1 大きめ野菜をじっくり炒める!!

香りや旨味が出る
煮崩れを防ぐ

2 お肉は最後に炒める！

肉の旨味を残す
柔らかさをキープ

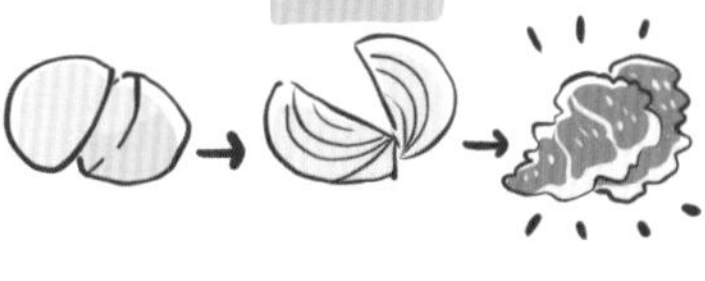

3 煮込む際はフタはずらす

鍋の中の温度が
上がりすぎない

4 余熱で蒸らす

味が中までしみ込む

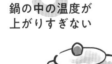

調理時間
50分

さぁ、作ってみよう！

ほくほく肉じゃが

材料2～3人分

牛薄切り肉……150g

A | しょうゆ……大さじ1
  | 砂糖……大さじ1

じゃがいも
……4個（正味400g）

玉ねぎ……1個（200g）

サラダ油……大さじ1

水……1カップ

B | みりん……大さじ3
  | しょうゆ……大さじ3
  | 砂糖……大さじ1

作り方

❶ 牛肉は6～7cm長さに切り、**A**の下味を絡める。

❷ じゃがいもはよく洗って皮をむき、2～3等分に切って水に5分さらす。玉ねぎは6等分のくし形切りにする。

❸ 鍋に油を入れて、中火で1~2分加熱し、温める。

❹ 水気を拭いたじゃがいもを鍋に入れて1分炒め、玉ねぎを加えて1分炒める。じゃがいもが少し透き通ったら、❶をざっと広げて加え、さらに炒める。

❺ 牛肉の色が半分ほど変わったら、水を注いで十分に煮立て、目立つアクを取り除く。

❻ **B**を加えて強火にし、再び煮立て、ぬらしたペーパータオルをかぶせ、フタをずらして弱めの中火で12分煮る。じゃがいもに竹串を刺して硬い場合は、さらに2分程度煮る。

❼ 火からおろし、フタをして10分蒸らす。蒸らし終えたら、上下に返して盛り付ける。

POINT

砂糖は肉を柔らかくする効果もある！

コクを出すために使う砂糖は、肉を柔らかくする効果もあります。また、甘味を出すみりんはじゃがいもの表面をコーティングして煮崩れも防ぎます。

調理時間
50分

さぁ、作ってみよう！

さっぱり塩肉じゃが

材料2～3人分

豚バラ薄切り肉……150g
A｜塩……小さじ1/2
　｜砂糖……大さじ1
じゃがいも
　……4個（正味400g）
長ねぎ……2本（200g）
サラダ油……大さじ1
水……1カップ
B｜みりん……大さじ3
　｜塩……小さじ1

作り方

1. 豚肉は6～7cm長さに切り、**A**の下味を絡める。
2. じゃがいもはよく洗って皮をむき、2～3等分に切って水に5分さらす。長ねぎは5cm長さに切る。
3. 鍋に油を入れて、中火で1~2分加熱し、温める。
4. 水気を拭いたじゃがいもを鍋に入れて1分炒め、長ねぎを加えて1分炒める。じゃがいもが少し透き通ったら、❶をざっと広げて加え、さらに炒める。
5. 豚肉の色が半分ほど変わったら、水を注いで十分に煮立て、目立つアクを取り除く。
6. **B**を加えて強火にし、再び煮立て、ぬらしたペーパータオルをかぶせ、フタをずらして弱めの中火で12分煮る。じゃがいもに竹串を刺して硬い場合は、さらに2分程度煮る。
7. 火からおろし、フタをして10分蒸らし終えたら、上下に返して盛り付ける。

POINT

肉じゃがは食材や味を変えて楽しめる！

豚バラ肉はひき肉にしてもおいしく作ることができます。塩味なので、カレー粉を入れたり、仕上げに粉チーズをかけるなど、味のバリエーションが広がります。

薄くてしょっぱい汁物

この味噌汁！
どこの高級出汁
ですか!?
めちゃくちゃおいしい
出汁は
使ってないわ
出汁なしで
この味!?
私
顆粒出汁の
ヘビーユーザー
なんですが……
箱買い!!
徳用
おだしの素
おだしの素
毎日使っているのに
いまいち分量のコツをつかめず
自分の味が定まらなくて
薄すぎたり…
お湯?
濃すぎたり…
しょっぱい…

出汁なしで
こんなに
おいしいなんて
やっぱりコツが
あるんですか？
深い味わい
そう!
出汁がなくても
おいしいのは
炒めるからよ
味噌汁も
炒める!?
味噌汁も
旨味のある食材を
先に炒めることで
素材から
旨味が出て
出汁いらずなの
ジャ〜〜ッ
炒めて
コトコト
煮る
善は急げ
さっそく
やってみましょう
ハ〜イ

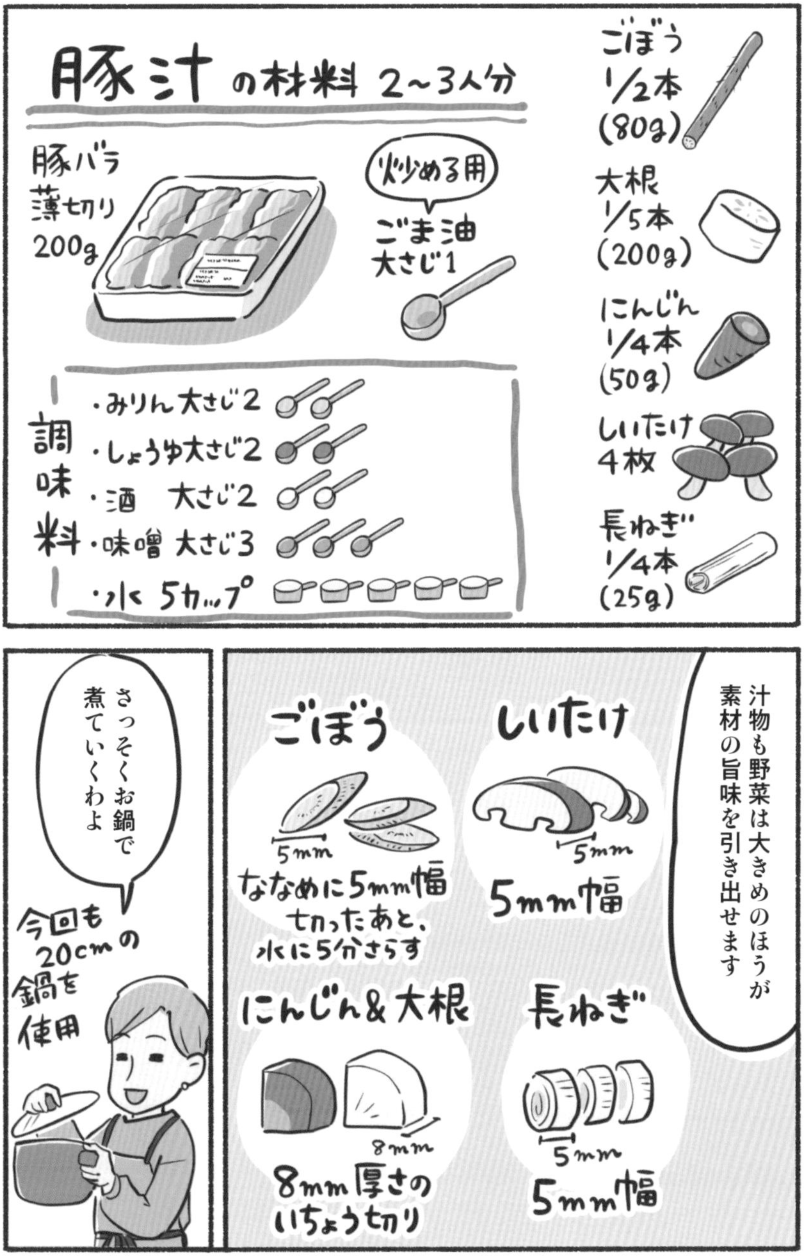
豚汁の材料 2～3人分
豚バラ
薄切り
200g
炒める用
ごま油
大さじ1
ごぼう
1/2本
(80g)
大根
1/5本
(200g)
にんじん
1/4本
(50g)
しいたけ
4枚
長ねぎ
1/4本
(25g)
調味料
・みりん 大さじ2
・しょうゆ大さじ2
・酒 大さじ2
・味噌 大さじ3
・水 5カップ
汁物も野菜は大きめのほうが素材の旨味を引き出せます
ごぼう
5mm
ななめに5mm幅切ったあと、水に5分さらす
しいたけ
5mm
5mm幅
にんじん&大根
8mm
8mm厚さのいちょう切り
長ねぎ
5mm
5mm幅
さっそくお鍋で煮ていくわよ
今回も20cmの鍋を使用

出汁いらずの汁物の作り方

1 鍋で野菜をしっかり炒める

鍋を中火で温め、火の通りにくい食材から炒める。少し焦げても旨味になるので、気にせず炒める。

ごぼう
先に2分炒める
にんじん
大根
しいたけ
を入れて5分炒める
熱を加えて脱水させる
中火

2 肉は最後に炒める

鍋に肉を入れ、肉の色が半分変わるくらいまで炒める。炒めることで脂が出て、肉のくさみも感じにくい。

肉の色が半分変わるくらいまで炒める

3 酒・みりんを加える

酒とみりんを鍋に加え、アルコール分をしっかり飛ばす。その後、鍋に水を加える。

先に
そのあと
水
酒
みりん

4 煮立ったら アクを取り除く

しっかり煮立て、出てきたアクを取り除いたら、鍋にしょうゆを加えて15分煮る。

沸いたら アクを取り
しょうゆを加えて弱火で15分煮る
弱火

5 味噌をといて入れる

おたま1杯ほどの小さな器に味噌を入れ、煮汁を加えてといてから鍋に入れる。これで、味噌がだまにならない。

おたまからまわしかける
小さいボウルでといて…

味噌汁をしょうゆで味付け!?

しょうゆを入れたのも香りや味がよくなるポイントですか？
しょうゆを入れると味の変化が起こりづらいの
しょうゆ
時間がたった味噌汁って味が変わったりするでしょ
味噌って味の変化が起こりやすい調味料なのよ
みそ
しょうゆで味をつけたほうが味噌だけのときより変化が少ないの
しょうゆ
みそ
しょうゆと旨味の出方もちがうから香りも味もよくなるのよ
なるほど
しょうゆ
みそ

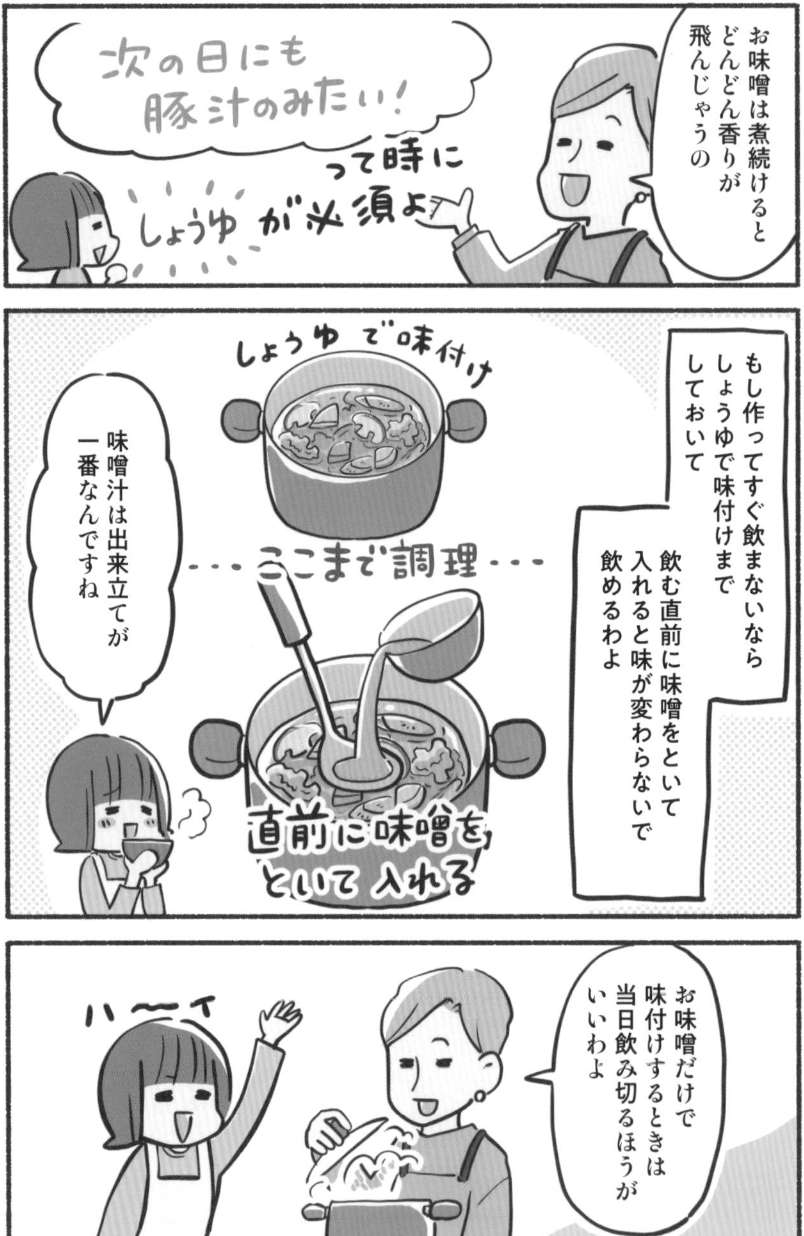
お味噌は煮続けると
どんどん香りが
飛んじゃうの
次の日にも
豚汁のみたい!
って時に
しょうゆが必須よ
もし作ってすぐ飲まないなら
しょうゆで味付けまで
しておいて
飲む直前に味噌をといて
入れると味が変わらないで
飲めるわよ
しょうゆで味付け
・・・ここまで調理・・・
直前に味噌を
といて入れる
味噌汁は出来立てが
一番なんですね
お味噌だけで
味付けするときは
当日飲み切るほうが
いいわよ
ハ〜イ

調理時間
30分

さぁ、作ってみよう！

ほっとする豚汁

材料2～3人分

豚バラ薄切り肉……200g
大根……1/5本（200g）
ごぼう……1/2本（80g）
にんじん……1/4本（50g）
しいたけ……4枚
長ねぎ……1/4本（25g）
ごま油……大さじ1
水……5カップ
酒……大さじ2
みりん……大さじ2
しょうゆ……大さじ2
味噌……大さじ3

作り方

1. 豚肉は5～6cmの長さに切り、ごぼうはたわしなどで泥を落とし、斜め5mm幅に切り、5分水にさらす。大根、にんじんは皮をむいて8mmの厚さでいちょう切りに、しいたけは軸を除いて5mm幅に切り、長ねぎは5mm幅に切る。
2. 鍋に油を入れて、中火で加熱し、温める。
3. 水気をよく拭いたごぼうを鍋に広げて2分炒め、大根、にんじん、しいたけを加え5分炒める。野菜に油が回ったら、豚肉を加え、豚肉の色が半分ほど変わるくらいまで炒める。
4. 酒、みりんを加えてアルコール分をしっかり飛ばしてから、水を注ぐ。煮立ったらアクを除き、しょうゆを加え、弱火にして15分煮る。
5. 味噌を入れたボウルに煮汁を注ぎ、なじませて溶き入れ、長ねぎを加え、弱火のままさらに1～2分煮る。

POINT

香りのある食材をプラスすれば味に深みが増す！

味に少し物足りなさを感じたら、刻みごま、ごま油やカツオ節を仕上げにかけたり、からしや生姜のすりおろしを添えたりしてみてください。味に深みが出ます。

スープもコンソメなしで出来る！

汁物はココがポイント
1
野菜は脱水させるようにじっくり炒める
2
旨味の出る食材は欠かさない
3
お肉は野菜のあとで炒めれば旨味が残る
4
フタをしないで煮て味を詰める
汁もにごらない！
コトコト…

もしかして！コンソメを使わずに洋風スープも作れたりしますか？
コンソメ
もちろん！ミネストローネなんかもおいしく作れるわよ

洋風スープのミネストローネだと
じゃがいも
じゃがいも 玉ねぎ パプリカなんかを使うと旨味もしっかり出るわ
パプリカ
玉ねぎ
赤いパプリカのほうが煮込むと旨味が出やすい
もちろんベーコンもね
ベーコン
もう市販の出汁に頼らなくてすみそうです!!

調理時間
30分

さぁ、作ってみよう！

コンソメいらずのミネストローネ

材料2〜3人分

トマト……大１個（200g）
ベーコン……４枚（60g）
にんにく……１かけ
赤パプリカ……1/2個（80g）
玉ねぎ……1/2個（100g）
じゃがいも……１個（150g）
オリーブ油……大さじ２
A　水……３カップ
　　塩……小さじ１
こしょう……少々

作り方

1. ベーコンは1㎝幅、にんにくは4等分、玉ねぎ、赤パプリカ、じゃがいもは皮をむいて1.5㎝角、トマトはヘタを取って2㎝角に切る。
2. 鍋に油を入れて、中火で１分加熱し、温める。
3. 鍋にじゃがいも、玉ねぎを入れて２分焼き、２分炒める。全体が透き通ったら、パプリカ、にんにくを加えて２分炒める。
4. トマトを加えて２分炒め、トマトの形がなくなるくらい煮崩れてきたら、ベーコンとAを注いで中火で煮立て、アクを取り除く。
5. 弱火にして15〜20分煮て（煮崩れてもよい）、こしょうで味を調える。

POINT

食材は少し大きめに切る！

おいしく作るコツは食材の大きさにアリ。大きめに切ってしっかり炒めることで、それぞれの素材から旨味が引き出され、おいしい味わいを作り出します。

Chapter 3 ココが大切

おいしく煮るための 5か条

最後にChapter 3 の大切なポイントをふりかえりましょう

その1 煮物の食材は大きめサイズにカット

食材を小さくカットすると、旨味が出づらくなってしまう。大きめにカットしてじっくり炒めることで旨味が増す。

その2 まずお鍋で炒める

煮る前に炒めることで、調理時間も短縮し、食材の旨味もアップする。

その3 肉は最後に炒めることで柔らかさと旨味を残す

しっかり味わいたい肉を最初に入れてしまうと、出がらし状態になる。最後に炒めれば旨味を残せる。

その4 アクは煮立たせてから取る

水を入れたら、十分に煮立たせないとアクも取りづらい状態に。煮立たせることで返ってアクも取りやすくなる。

その5 煮たあとはしっかり蒸らす

煮たあとは、必ず蒸らしましょう。面倒かもしれませんが、このちょっとした手間で味しみしみ煮物が完成します。

調理器具は一生ものと考えない

「調理器具は一生ものを」なんて言われることも多いですが、料理上手になりたいなら、その考えは持たなくても大丈夫です。

なぜなら、料理を続けていくうちに、生活や好みが変わってきて「こんな調理器具を使ってみたい」という欲求がわいてきたり、作りたい料理が変わったりすることもあるから。

使いたい調理器具や、必要な調理器具は時間の経過とともにも変わっていくものです。

キッチンのスペースや体調の変化によっても、使う調理器具は替えたくなります。

若くて力のあるうちは、重い「鉄のフライパン」を使うことができても、年齢を重ねたり、キッチンが狭かったりすれば、「フッ素樹脂加工のフライパン」のほうが扱いやすいこともあります。

一生ものもいいのですが、料理を好きになったり、上手になったりするには、その時々に「一番使いやすいもの」を使うのがベストな選択と覚えておいてください。

Chapter 4

副菜と盛り付けで豪華ごはんに！

それはドレッシングを食べている

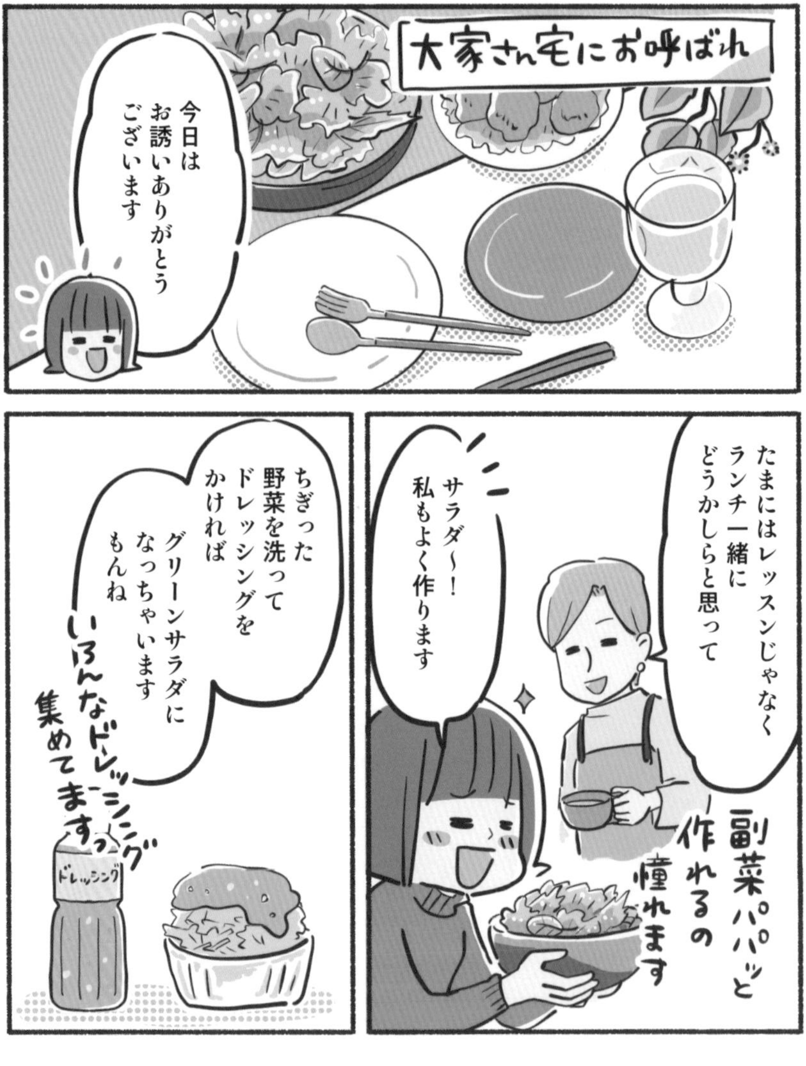
大家さん宅にお呼ばれ
今日はお誘いありがとうございます
たまにはレッスンじゃなくランチ一緒にどうかしらと思って
サラダ～！私もよく作ります
副菜パパッと作れるの憧れます
ちぎった野菜を洗ってドレッシングをかければ
グリーンサラダになっちゃいますもんね
いろんなドレッシング集めてますっ
ドレッシング

かおりちゃん……
キラーン
?
それは本当のサラダじゃないわ!!
ドレッシングを食べているだけよ
野菜がおいしく食べられるサラダの作り方教えるわ
お願いだから一度食べてみて!!
はっはい!!

水を吸わせてシャキッとサラダに

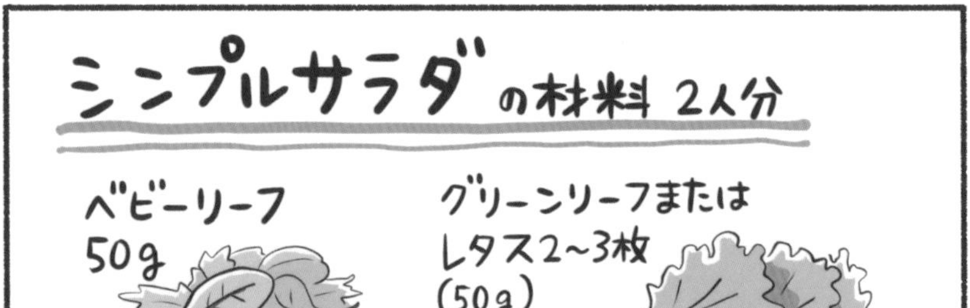
シンプルサラダの材料 2人分
ベビーリーフ
50g
グリーンリーフまたは
レタス2〜3枚
(50g)
調味料
・オリーブオイル大さじ1〜2
・こしょう
・塩 小さじ1/4
・酢 小さじ2

おいしいサラダを作るにはまずは生野菜の扱い方を知っておくといいわよ
生野菜の扱い方
①水を与えて野菜を元気に。
②水気をしっかり切る。
やってなかった//

じゃあさっそく
調理の前に
野菜たちに
水を与えましょう
植物みたい!!
グリーンリーフやレタスは一口大に手でちぎる
ベビーリーフは端っこを少し切る
切り花に水を吸わせるように
キッチンばさみで斜めにカット
パチン
このように水を吸いやすくしてから
20分ほど冷水につけておきます
ちょっと手間だけど野菜がパリッとした食感になっておいしいの
わ〜〜っ

水気の切り方

次に水気を切ります
余分な水分は野菜の食感や
味を台なしにする原因なの

水気はしっかり
切りましょう

1 まずはザルでよく水気を切る

ざっ ざっ ざっ

2 ペーパータオルで
ふんわり野菜をつかむように水気を取る

量が多ければ
少しずつ分けても
OK!

3 新しいペーパータオルに持ち替えて
ボウルに移して再度水気を取る

ペーパータオルを使えばしっかり水気が取れるんですね
両手にペーパータオル!
そうなの 次は味付けよ
①オリーブオイル ②塩 ③お酢の順番で調味料を1つずつ野菜にあえます
①オリーブオイル
②塩
③お酢
調味料を混ぜてからかけないんですか!?
え〜っ!!
そう 別々よ
素手で野菜とドレッシングの調味料をあえる
手で混ぜると野菜全体に調味料がなじんでいることもわかるわ

ドレッシングは混ぜるでなくあえる

大家さんは市販のドレッシングは使わないんですね
私、自分でドレッシング作るの自信なくて
前に自作したとき
どんなに混ぜても油とお酢とかが分離して……
う〜〜ん
ジャリッ
それで市販のドレッシングに頼るようになりました
ドレッシング
最初から混ざっていて味が決まってるし

大丈夫！
その失敗はドレッシングの調味料を先に混ぜたことが原因なの
酢
OIL
塩
ドレッシングをあえる順番
オリーブオイル
野菜をコーティングします
油がからむ
ドレッシングの調味料は別々にあえていくと味が全体になじむの
塩
味付けします
塩を手に取ってから振りかけると全体になじむ
塩がつく
酢
塩を溶かします
塩が溶けて味が入る

この味付け方法だと
油とお酢が分離せずに
味が全体にしっかりついて
レストランみたいな
サラダが作れるのよ
じゃーん
おぉ
ドレッシングは
オリーブオイルの
種類を変えるだけで
味が変わるわよ
おいしそう!

さぁ、作ってみよう！

パリパリサラダ

調理時間
10分

材料2人分

ベビーリーフ
……一袋分（50g）
グリーンリーフまたはレタス
……2～3枚（50～70g）
オリーブオイル
……大さじ1～2
塩……小さじ1/4
酢……小さじ2
こしょう……少々

下準備

ボウルに冷水を張る。一口大にちぎったグリーンリーフとベビーリーフを20分つけてパリッとさせる。

作り方

❶ ザルにあげてよく水気を切り、さらにペーパータオルで軽くつかんで水気を拭き取る。

❷ ボウルに野菜を入れ、オリーブオイルを加え、ほぐすように、全体に絡むように手で混ぜる。

❸ 塩を絡めてさらに手で混ぜ、酢、こしょうを加え、よく混ぜる。

POINT

シンプルだから、アレンジも無限大！

ボウルにニンニクの切り口をこすりつけたり、オリーブオイルをごま油に替えたりしてもOK。ドレッシングは、混ぜたあと、ボールの底にドレッシングが残らないくらいの仕上がりを目指します。

サラダはアレンジが無限大！

ほかにも
生ハムやツナを
のせてもいいのよ
おいしそー!
お酢をレモンに
替えるのもいいわ
酢
レモン
油や塩を
別のものに
替えることも
できるわよ
すごい!!
組み合わせが
無限大に広がる

トッピングアイデア

ゆで卵

ツナ

サーモン

ナッツ

生ハムや
ロースハム

グリーンリーフとベビーリーフ以外の
野菜を使ってもOK

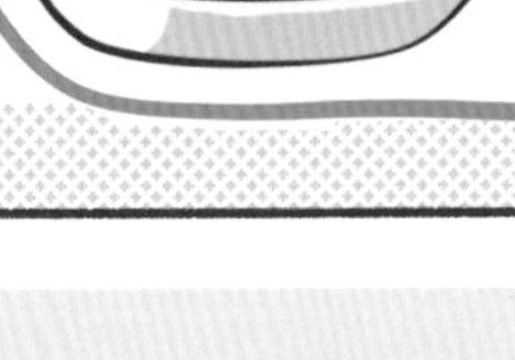

トマトは酢と同じ役割を
するので、使う際はお酢を
加えたあとに加えます

油・塩・酢を別のものにチェンジ！

油

・オリーブオイル
・サラダ油
・ごま油

塩

半分をしょうゆや味噌に

酢

・穀物酢　・米酢　・バルサミコ酢
・イチゴやキウイなどのフルーツ

生姜・にんにくで香りづけも！

油を混ぜたあとに切り口をボウルにこすりつけ、軽くあえるとほどよい香りづけに

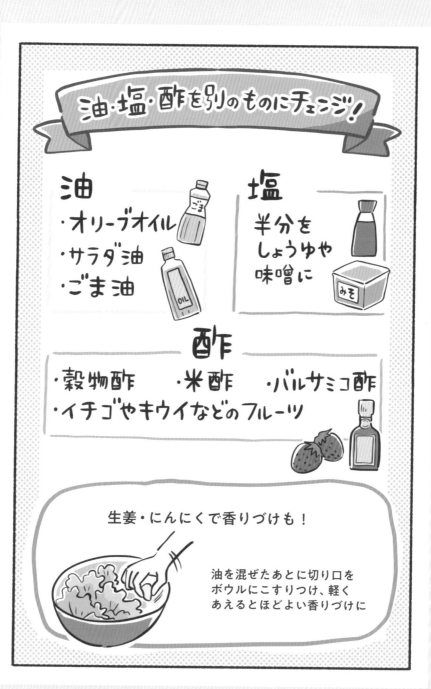

盛り付けで豪華に見せる

どうしよう!
誰かに手料理食べてもらうのって初めて
おもてなししなきゃ!!
さっちゃんて何が好きなんだっけ!?
検索検索…
やっぱりチキンソテーかな
大家さーん!!
大家さん宅ー
チキンソテーやミネストローネもいいけど
洋食だったらビーフストロガノフとかどう?
ビーフストロガノフ…
ハードル高いのでは……
全然!
手持ちの調味料があれば作れるわ
ゆでたブロッコリーもプラスすれば豪華よ

さぁ、作ってみよう！

まろやか ビーフストロガノフ

調理時間 25分

材料2人分

牛薄切り肉……200g
小麦粉……大さじ2
玉ねぎ……1/2個（100g）
サラダ油……小さじ2
きのこ（しめじ、しいたけなど好みで）
……100g
バター……10g
A
水……1/2カップ
ケチャップ……大さじ2
中濃ソース……大さじ3
しょうゆ……小さじ2
インスタントコーヒー（あれば）
……小さじ1/4
ごはん……350～400g
ベビーリーフ……適宜

作り方

1. **A**はよく混ぜ合わせておく。
2. 牛肉は6～7㎝の長さに切って、小麦粉をまぶす。玉ねぎは繊維を断つように1㎝幅に切り、きのこは食べやすく切る。
3. フライパンに油を入れて、中火で1～2分加熱し、温める。
4. 牛肉をフライパンに入れて1分焼き、返して1分焼いて取り出す。
5. フライパンを軽く拭いてバターを入れ、溶けかけたら玉ねぎ、きのこを入れて2分焼き、1分炒める。しんなりしたら牛肉を戻し、**A**を注ぐ。
6. 煮立ったらフタをして弱火で10～12分煮る。火を止めて10分蒸らす。
7. 器にごはんをのせ、❻を盛り付け、ベビーリーフを添える。

POINT

隠し味のコーヒーはドリップコーヒーでもOK！

インスタントコーヒーは、液体のドリップコーヒーでも代用可能。その場合は「水1/4カップ、ドリップコーヒー1/4カップ」にします。

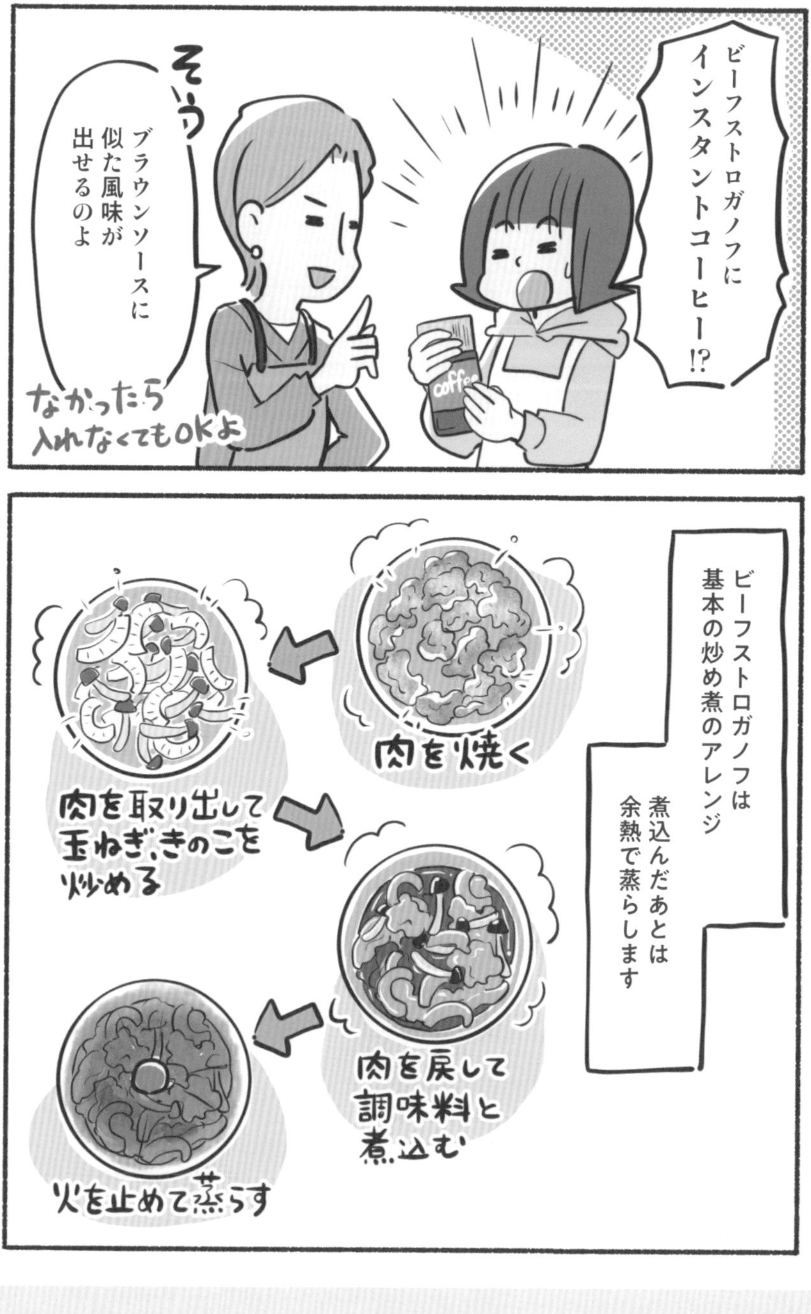
ビーフストロガノフに
インスタントコーヒー!?
そう
ブラウンソースに
似た風味が
出せるのよ
なかったら
入れなくてもOKよ
ビーフストロガノフは
基本の炒め煮のアレンジ
煮込んだあとは
余熱で蒸らします
肉を焼く
肉を取り出して
玉ねぎ、きのこを
炒める
肉を戻して
調味料と
煮込む
火を止めて蒸らす

盛り付けも少しの工夫で見違えるわよ
私 不器用だから自信ないです
カンタンよ
ごはんをカップに入れて形を整えてお皿にのせると……
カパッ
ごはんがかわいくなった!!
ビーフストロガノフはごはんの横に盛り付けます
彩りを出すために水菜の葉先やベビーリーフを添えるといいわ
オシャレ!!

副菜はゆでたブロッコリーね
しっとりしておいしいわよ〜
マヨネーズにひと工夫しましょうか
マヨネーズは一度ボウルに入れて
MILK
牛乳を少し加えてやわらかくして
スプーンで混ぜる
まぜまぜ
お皿の形に沿うようにのばしながら置き
最後に粗挽きこしょうをかければ完成
ブロッコリーも山を作るように盛ると豪華に見えるんですね
おお〜〜

なんだか私にもできる気がしてきました!!
野菜は一種類でも十分1つの料理になるのよ

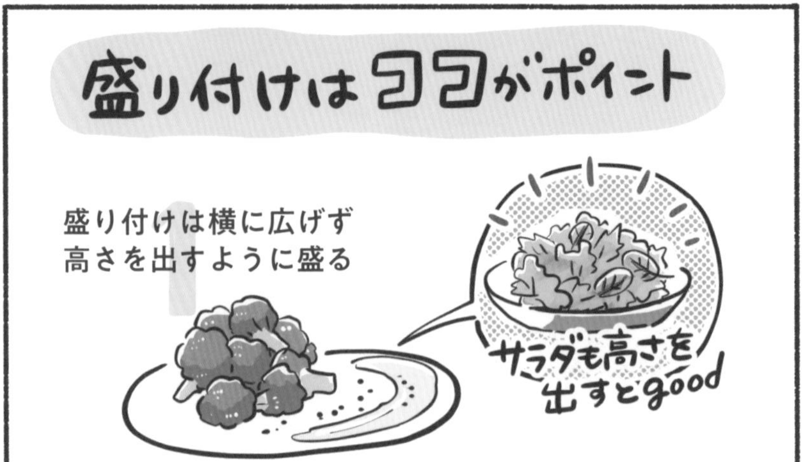
盛り付けはココがポイント
1
盛り付けは横に広げず
高さを出すように盛る
サラダも高さを出すとgood
2
彩りがほしいときはベビーリーフ
や水菜を添えるだけでもOK
水菜は葉の部分を使う

さぁ、作ってみよう！

しっとりゆでブロッコリー

調理時間
5分

材料2人分

ブロッコリー……100g
（いんげん、スナップエンドウ、きぬさや、アスパラでも可）
水……３カップ
塩……小さじ２
マヨネーズ……大さじ１～２
ブラックペッパー……少々

下準備

ブロッコリーは小房に分け、水に10分つける。

作り方

1. ブロッコリーの水気を切り、大きいようなら半分に切る。
2. 鍋に水を入れて強火で加熱する。沸騰したら塩を入れ、ブロッコリーを入れて、２分程度ゆでる。
3. ザルにあげ、皿などに広げて冷ます。
4. マヨネーズを添え、ブラックペッパーをかける。

POINT

ゆでる野菜をまずは水につける！

少しでも水につけておくことで、野菜に水分が行き渡り、野菜にハリが出て、ゆであがったときの食感や味わいが変わります。

Chapter 4 ココが大切

おいしい副菜のための5か条

最後にChapter 4 の大切なポイントをふりかえりましょう

その1 葉野菜には水分を与える

生野菜がカピカピ、しなしなの原因は水分が抜けて元気がないから。サラダのときも、ゆでるときも、水分をしっかり吸わせてから調理しましょう。

その2 野菜の水気はしっかりふき取る

サラダの場合、野菜に水気がついたままだと味が台無しに。ペーパータオルなどで、ついている水気はしっかり取ると味付けもおいしくできる。

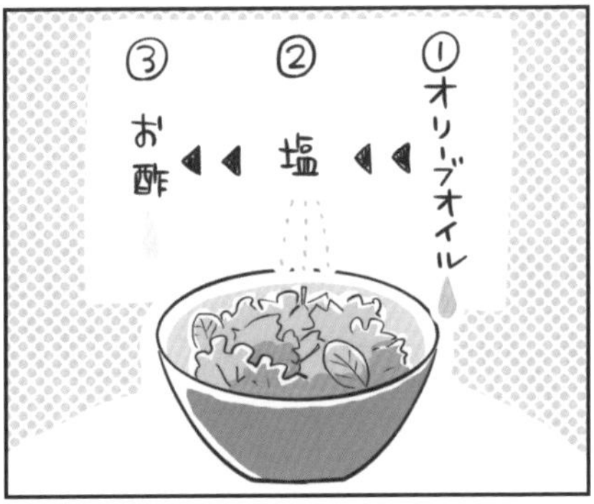

その3 調味料は順番に混ぜる

サラダは調味料の順番を間違えて入れると、味が全体になじまない。順番を守って味付けすることで全体に味がなじんで最後までおいしい。

その4 野菜は1種類でもOK

複数の野菜を組み合わせようとすると、味付けもむずかしくなる。野菜の種類は1つでも、立派なサラダや副菜になる。

その5 盛り付けは高さと彩りを意識

料理は盛り付けて完成する。ただ器に入れるだけでなく、高さと彩りを工夫することで華やかな印象にすることができる。

とってもおいしいね！

かおりの自宅ー
ビーフストロガノフとゆでブロッコリーの盛り合わせでございます♪
じゃーーん
ビーフストロガノフすごくおいしい!!
かおりすごいね!
ヨカッタ!
今までなんとなくただ食べるために料理してきたけど……

凝った調理器具や
調味料がなくても
「焼く」「炒める」「煮る」の
コツさえつかめば

いつものごはんが
とびきり
おいしくなる！

お料理って楽しい!!

ねぇねぇ
どこで
習ったの!?
私もその教室行きたい!!
実はね
この家の大家さんから
教わってたんだ
えー、

体験することで料理は上手くなっていく

この本を読んでみて、レシピを作ってみて、料理に対する思いが少し変わりましたか？

「意外と簡単かも」「やっぱりむずかしそう」など、色々あると思いますが、お伝えしたかったのは、料理はおいしいものを作ることや、上手く作ることだけが大事ではないということです。料理する野菜や肉に触れるとき、素材の温度や感触を感じたでしょう？　フライパンで温める油に香りがあったでしょう？　しょうゆや味噌が焦げる様子も見たでしょう？　料理はこういう体験の繰り返し。この体験を重ねることで、体に感覚としてなじんでいくのです。まずそこから入っていただきたいと、なるべくわかりやすくしてみたのが、「焼く」「炒める」「煮る」の3つのステップです。

私は「レシピは地図」だと思っています。行きたい場所へのルートは、まずはシンプルなほうがいい。初めはその行き方にしたがうけれど、何度か行くにつれ、寄り道したり、近道を見つけたり、地図がなくても行けるようになったりします。でも

今は、珍しい素材や便利な調味料などが気になって、先に寄り道するうちに、たどり着きたい場所を見失ってしまうのではないでしょうか。

以前はこの地図を、最も身近な「家族」が手渡してくれましたが、今はそれもむずかしい。ならばこの本が、作りたい料理にたどり着く「地図」になってくれたらいいなと思います。

こうした「地図」で覚えた料理は一生もの。間違えない基本の行き方がわかれば、残念な失敗もへるし、自分なりの工夫も生まれる。それって、ちょっとワクワクして楽しいことだと思いませんか。しかも、一緒にいるパートナーも、家族も、友達も幸せにできてしまう。そんなことって、ほかにはないと思うのです。

毎日ちがう料理を作れることが料理上手ではありません。シンプルなチキンソテーでも、おいしくできれば週に何度作ってもいいのです。添える野菜や切り方、こしょうやレモンで風味を変えたり、器を替えたりすればいい。食べることを楽しめれば、料理上手への近道です。こうして途中の風景を楽しむ余裕も、この「地図」があってこそ生まれるものです。

小田 真規子

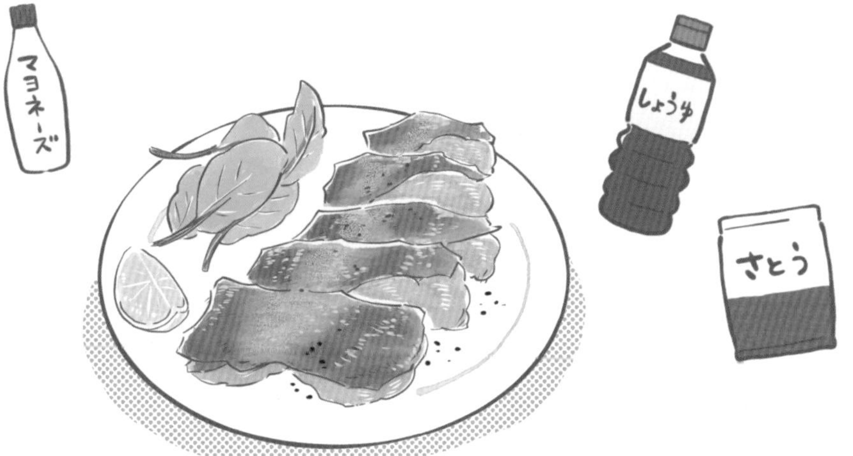

商品に関する問い合わせ先

このたびは弊社商品をご購入いただきありがとうございます。本書の内容などに関するお問い合わせは、下記のURLまたは二次元バーコードにある問い合わせフォームからお送りください。

https://book.impress.co.jp/info/

上記フォームがご利用いただけない場合のメールでの問い合わせ先

info@impress.co.jp

※お問い合わせの際は、書名、ISBN、お名前、お電話番号、メールアドレス に加えて、「該当するページ」と「具体的なご質問内容」「お使いの動作環境」を必ずご明記ください。なお、本書の範囲を超えるご質問にはお答えできないのでご了承ください。

- 電話やFAX でのご質問には対応しておりません。また、封書でのお問い合わせは回答までに日数をいただく場合があります。あらかじめご了承ください。
- インプレスブックスの本書情報ページ（https://book.impress.co.jp/books/1122101072）では、本書のサポート情報や正誤表・訂正情報などを提供しています。あわせてご確認ください。
- 本書の奥付に記載されている初版発行日から3年が経過した場合、もしくは本書で紹介している製品やサービスについて提供会社によるサポートが終了した場合はご質問にお答えできない場合があります。
- 本書の記載は2023年5月時点での情報を元にしています。そのためお客様がご利用される際には情報が変更されている場合があります。あらかじめご了承ください。

落丁・乱丁本などの問い合わせ先

FAX　03-6837-5023
service@impress.co.jp
※古書店で購入された商品はお取り替えできません。

なんかおいしくないので

料理をおいしくする コツ知りたいです！

2023年7月1日　初版第1刷発行

監修　小田真規子
まんが　ノグチノブコ
発行人　小川 亨
編集人　高橋隆志
発行所　株式会社 インプレス
〒101-0051
東京都千代田区神田神保町一丁目
105番地
ホームページ
https://book.impress.co.jp/
印刷所　シナノ書籍印刷株式会社

ISBN978-4-295-01658-8 C0077
Printed in Japan

STAFF

デザイン　廣田 萌、西田寧々（文京図案室）
DTP　柏倉真理子
校正　聚珍社
編集　宇枝瑞穂（インプレス）
　　　岡田直子・生形ひろみ（ヴュー企画）
編集長　和田奈保子

本書の感想をぜひお寄せください

アンケート回答者の中から、抽選で図書カード（1,000円分）などを毎月プレゼント。当選者の発表は賞品の発送をもって代えさせていただきます。
※プレゼントの賞品は変更になる場合があります。

https://book.impress.co.jp/books/1122101072